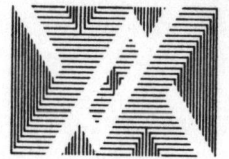

Dietmar Munier

Das letzte Dorf

Bei den Rußlanddeutschen
in Ostpreußen

Titelfoto: Henning Pless. Fotos im Bildteil des Buches: Günter Bohnhof, Ute Grebien, Detlef Lindenthal, Eduard Lüdke, Dietmar Munier, Henning Pless, Helge Redeker, Michael Will. Einige Bilder sind Standbilder aus Videofilmen des Autors. Landkarte im Bildteil: Markwart Lindenthal.

Die Deutsche Bibliothek – CIP-Einheitsaufnahme

Munier, Dietmar:
Das letzte Dorf : bei den Russlanddeutschen in Ostpreußen /
Dietmar Munier. – Kiel : Arndt, 1992
ISBN 3-88741-020-3

1. Auflage Dez. 1992
2. Auflage Febr. 1993

ISBN 3-88741-020-3

© 1993 ARNDT-Verlag. Alle Rechte vorbehalten

ARNDT-Verlag
2300 Kiel 1, Postfach 3603

Druck und Bindearbeiten: Husum Druck- und Verlagsgesellschaft
Gedruckt in Deutschland

Vorwort

Der Umbruch im Osten und die Vereinigung West-
und Mitteldeutschlands haben die politische Situation
des Erdballs, ja unser ganzes Dasein seit dem Ende des
Zweiten Weltkriegs 1945 radikal verändert. Sie bilden
eine Zäsur weltgeschichtlichen Ausmaßes, deren Folgen zur Zeit noch immer nicht abzusehen sind.

Die deutsche Teilvereinigung wurde von unseren verantwortlichen Politikern als eine diplomatische Ruh-
mestat gefeiert, unbeschadet der Tatsache, daß nicht die
Westdeutschen oder Bonn die Revolution des Jahres
1989 durchführten, sondern die Deutschen jenseits von
Werra und Elbe. Tatsächlich war die Teilvereinigung
Deutschlands für uns ein außerordentlicher Triumph –
groß genug, um zu verdecken, daß die Bonner Politiker
bei den Verhandlungen mit den vier Siegermächten,
entgegen Moral und Völkerrecht, entgegen den feierli-
chen Versicherungen von Jahrzehnten und entgegen allen Zusagen an die Vertriebenen auf die deutschen Ost-

gebiete verzichteten. Entscheidungen von solchem Gewicht, wie sie am Ende der Zwei-plus-Vier-Gespräche gefällt wurden, mögen als unabänderliche Zwänge der Gegenwartspolitik eingeschätzt werden. Als Ergebnis vielfacher Rechtsbeugung sind sie jedoch völkerrechtlich ohne Belang. Noch wichtiger als papiernes Recht ist allerdings, daß vor dem gewaltigen Hintergrund der Geschichte unsere Ostgebiete seit vielen Jahrhunderten deutsches Land, deutsche Heimat sind. Das läßt sich durch kein Vertragswerk ändern. Ostpreußen, Pommern, Schlesien, das Sudetenland sind und bleiben deutscher Siedlungs- und Heimatboden. So gewichtig politische Entscheidungen erscheinen mögen: sie zerstieben vor einer Realität, die von den Grundrechten der Völker geprägt ist. Die deutschen Ostgebiete sind zur Zeit von der deutschen Politik aufgegeben. Gleichwohl gehören sie unserem tiefsten Empfinden nach – ja selbst im Bewußtsein jener, die sie an sich gerissen haben – noch immer dem deutschen Volk.

Und ebendies wird von jedem deutschen Siedler, der heute in Ostpreußen lebt und arbeitet, in überzeugender Weise bestätigt. Die Deutschen aus Rußland, aus Kasachstan, Kirgisien, der alten deutschen Wolga-Republik, die heute zu Tausenden in Ostpreußen siedeln, geben auf Fragen eine Antwort von elementarer Selbstverständlichkeit: „Dies ist deutsches Land." – Deutsches Land gibt Heimatrecht. Davon legt Muniers Buch Zeugnis ab: eindringlich, engagiert, sachkundig, in einer Sprache, in der auch seine grenzenlose Liebe zum Land seiner Vorfahren zu Wort kommt.

II

Während das offizielle Bonn schweigt, sich in Gleichgültigkeit gefällt und, wenn überhaupt, in Nord-Ostpreußen großpolnische Interessen vertritt, unternimmt Dietmar Munier handfest und vor Ort jene Hilfe bei der Ansiedlung der heimatlos gewordenen Rußlanddeutschen, die eigentlich unseren Politikern gut zu Gesichte stünde. Die Rußlanddeutschen reagieren auf Muniers Arbeit mit dem ergreifend schlichten Satz: „Es tut so wohl zu wissen, daß wir in Deutschland nicht vergessen sind." Nicht zuletzt der Tatkraft solcher Männer wie Dietmar Munier ist es zu verdanken, daß inzwischen Tausende von Rußlanddeutschen eine neue Heimat gefunden haben, daß sie das heillos verwüstete, in Jahrzehnten kommunistischer Unfähigkeit verrottete Ostpreußen wieder aufbauen. Hier vollzieht sich eine Pionierarbeit, von deren Härte sich unsereins kaum Vorstellungen machen kann. Muniers private Hilfsorganisation Aktion „Deutsches Königsberg" wird einmal als Markstein des Gemeinsinns, der tiefen Verbundenheit, ja sagen wir ruhig: der Liebe zu deutschen Landsleuten und zu deutschem Land in die Geschichte eingehen. Ich habe daher gerne die mir angetragene Schirmherrschaft über diese Aktion übernommen; dies scheint mir weitmehr eine Ehre, denn eine Pflicht zu sein.

Daß in Nord-Ostpreußen inzwischen eine große Siedlungsbewegung durch Rußlanddeutsche in Gang gekommen ist, schiebt alle staatlich-politischen „Realitäten" beiseite. Sie relativiert auch die vertraglich geregelten Grenz- und Hoheitsfragen. Zu den aberwitzigen Paradoxa gehört zum Beispiel der Umstand, daß die Russen in Nord-Ostpreußen die deutschen Siedler nahezu mit offenen Armen begrüßen und aufnehmen und damit den Beginn einer neuen Phase der deutsch-russischen Zusammenarbeit signalisieren. Bonn dagegen bleibt stumm und gefällt sich bestenfalls in säuerlichen Mienen: Läuft nicht die deutsche Siedlungsbewegung der polnischen Absicht zuwider, sich auch Nord-Ostpreußen einzuverleiben, mit Königsberg, mit Trakehnen, mit Insterburg und Gumbinnen, mit dem Kurischen Haff?

Dietmar Muniers Buch ist der Bericht eines Realisten, eines Praktikers, eines Mannes, den Schwierigkeiten nicht zu Hilflosigkeit entnerven, sondern seinen Willen anstacheln, mit ihnen fertig zu werden. Doch was treibt ihn letzten Endes an? Wohl dasselbe, was die neusiedelnden Rußlanddeutschen im Geheimsten bewegt, was uns alle bewegen sollte. Munier selber nennt es beim Namen, als ein Bekenntnis, dessen Direktheit uns gewöhnlich verlegen macht, weil unser Empfindungshaushalt verarmt ist: Den Rußlanddeutschen „gehört unser Herz, weil es unsere Menschen sind, weil wir uns hier den Traum von einem Volk erfüllen, das in Liebe zueinander steht in guten und schlechten Stunden; den Traum von der großen Gemeinschaft, vom Zusammenhalten; den deutschen Traum vom deutschen Volk."

Prof. Dr. Hellmut Diwald

IV

Reisefieber

Das Haff ist zugefroren. Kleine Eisschollen haben sich einige Meter tief am Ufer gebildet, sind dort sanft im Wind gedümpelt, haben sich übereinander verschoben – und sind dann langsam erstarrt. Jetzt ist es eine feste, begehbare Fläche geworden. Neuschnee ist darüber gefallen, ein eisiger Wind treibt den Schnee hoch, zerstäubt ihn und wirbelt ihn durch die Luft. Ich stehe auf einem kleinen Sommerdeich, der Wind faßt mir durchs Haar. Die Hände tief in meine Jacke gesteckt, versuche ich am Horizont die Nehrung zu erkennen. Aber da sind nur der Himmel und die weiße Fläche des zugefrorenen Haffs. Der Wind heult unablässig.

***

Vor mir auf dem Schreibtisch, über Bergen unerledigter Post, habe ich die Karte von Ostpreußen ausgebreitet. Hundertmal habe ich das getan und hundertmal mehr, seitdem ich den südlichen Teil Ostpreußens mehrfach bereist hatte: Immer geht die Erinnerung dann zurück zu den Punkten, an denen der großen Reise der Sehnsucht die letzte Erfüllung versagt blieb. Kahlberg auf der Frischen Nehrung. Zwölf Jahre ist es her, daß wir dort versuchten, einen Blick von Ostpreußens Hauptstadt Königsberg zu erhaschen. Oder die gesprengte Reichsautobahn kurz hinter Braunsberg. Diese merkwürdige Vorstellung, hinüberzusehen in das unerreichbare Land. Zuletzt im Sommer 1991 nördlich von Goldap, gerade eben dreißig Kilometer von Trakehnen entfernt. Dazwischen immer die unüberwindbare Grenze zwischen dem polnisch besetzten südlichen Teil Ostpreußens und dem russisch besetzten nördlichen Teil. Früher war es die reine Phantasie, die an solchen Tagen weit hinübergriff in das verwunschene Land der Väter. Jetzt verschwimmen Phantasie und Erinnerung. Gerade eine Woche ist es her, daß ich unweit von Möwenort, nordöstlich von Labiau, am Kurischen Haff gestanden habe. Jetzt versuche ich, meine Gedanken zu ordnen, denn unsere Erlebnisse und Eindrücke verlangen danach, festgehalten zu werden und vielen Menschen in Deutschland bekannt zu werden.

***

Die erste Möglichkeit, etwas für die Ansiedlung

von Rußlanddeutschen in Nord-Ostpreußen zu tun, ergab sich im Frühjahr 1991. Einige junge Freunde, die das nördliche Ostpreußen ohne Visum bereist hatten und erste Kontakte zu Rußlanddeutschen geknüpft hatten, berichteten über das Hauptproblem, vor Ort erst einmal ein Dach über den Kopf zu bekommen. Nachdem es uns gelungen war, in verschiedenen Orten durch die russischen Direktoren leerstehende Häuser nachgewiesen zu bekommen, nahm dieses Projekt feste Formen an. Da die Aufenthalte unserer westdeutschen Freunde in Nord-Ostpreußen stets nur kurz waren, konnten unsere litauischen Freunde uns unschätzbare Dienste erweisen.

Im Herbst 1991 bat ich meine vielen Leser und Kunden des ARNDT-Verlages um Unterstützung dieser Aktion. Mehr als 45 Jahre Mißwirtschaft hatten das einst blühende Nord-Ostpreußen herunterkommen lassen. Gleichzeitig war im Rahmen der gewaltigen Umwälzungen in Osteuropa den ungefähr zwei Millionen Rußlanddeutschen jede Perspektive verwehrt. Was also lag näher, als viele dieser Menschen ins nördliche Ostpreußen zu holen, als Neubürger, Pioniere und Siedler. Ich war gespannt, wie meine Leser auf diesen Aufruf reagieren würden. Immerhin handelt es sich ja um die Heimatgebiete der Ostpreußen, die selber einen legitimen Anspruch auf Rückgabe und Wiederbesiedlung stellen können. Wie würden sie auf den Vorschlag reagieren, ohne Rücksicht auf pri-

vate Eigentumsverhältnisse hier nun Rußlanddeutsche anzusiedeln? Würde nicht vielleicht eines
Tages der Angehörige einer vertriebenen ostpreußischen Familie vor seinem eigenen Besitz stehen, den inzwischen eine rußlanddeutsche Familie
bewirtschaftete? Meine Leser reagierten so, wie ich
es fest erwartet und erhofft hatte: Sie erkannten die
historische Chance, in diesen Jahren des Um-
bruches die vielleicht unwiederbringliche Chance
zu nutzen, hier durch Ansiedlung möglichst vieler
Rußlanddeutscher Tatsachen zu schaffen, die in
der Politik bekanntlich eine größere Rolle spielen
als Rechte, die nur auf dem Papier fixiert sind. Der
nun geschaffene Fonds erlaubte es uns, noch ge-
zielter in Nord-Ostpreußen zu wirken. Auch wich-
tige Reisen nach Königsberg, Wilna und Moskau
waren zu finanzieren und werden auch in Zukunft
zu finanzieren sein, um auch die politische Lösung
des Problems Nord-Ostpreußen voranzutreiben.

Um die Jahreswende 1991/92 wuchs die Not-
wendigkeit, selber vor Ort eine Bestandsaufnahme
zu machen und unter den Neusiedlern Menschen zu
finden, die im besten Sinne des Wortes eine
Führungsrolle beim Wiederaufbau würden spielen
können. Hinderlich waren mir dabei vor allem die
Visum-Formalitäten. Mein Beruf macht es mir
schwer, langfristig zu planen. Insofern war es ein
Wink des Schicksals, als ich an einem Montag im
Februar 1992 einen Anruf bekam. Ein guter Bekannter berichtete von der Existenz einer neuen li-

tauischen Fluggesellschaft, die zu günstigen Preisen zwischen Berlin und Wilna verkehre. In Wilna bekäme man das litauische Visum in seinen Paß eingestempelt, an den Übergängen zum nördlichen Ostpreußen würde zur Zeit nur von litauischer Seite kontrolliert werden.

Das war das Signal. Den Dienstag verbrachte ich damit, nähere Einzelheiten über die neue litauische Fluglinie herauszubekommen und eine kleine Reisegruppe zusammenzustellen. Unsere litauische Dolmetscherin Edith, eine charmante junge Mutter von zwei kleinen Söhnen, zur Zeit gerade auf Arbeitsbesuch bei uns in Kiel, meldete ein Blitzgespräch zu ihrem Vater nach Litauen an. Bereits wenige Stunden später wußten wir, daß er uns mitsamt seinem Auto als Fahrer zur Verfügung stehen würde.

Da ich mit der Reise nicht zuletzt die Absicht verband, für die vielen Freunde unserer Arbeit möglichst lebendige Eindrücke von den Siedlungen der Rußlanddeutschen mitzubringen, sollte auf jeden Fall die Videokamera im Gepäck mitreisen. Ein geeigneter Kameramann mußte noch gefunden werden. Ich telefonierte mit einigen Freunden. Der Plan faszinierte alle. Wenn es allein nach den Wünschen gegangen wäre, hätte man einen ganzen Reisebus zusammenstellen können. Aber der Terminplan war äußerst eng angesetzt. Heute war Dienstag, und bereits am Freitag um 15.10 Uhr sollte die Maschine auf dem Flughafen Berlin-Schönefeld in

Richtung Wilna starten. Einer von denen, die von dem Gedanken, in wenigen Tagen in Königsberg zu stehen, wie elektrisiert waren, war mein Freund Henning aus Hamburg. Mit der vernünftigen Einstellung „Es muß gehen, wenn es gehen soll", löste er die sich auftürmenden Terminprobleme. Am Mittwoch stand fest, daß Henning einige Tage lang die Hamburger Privatschule, an der er sich zu der Zeit als Heilpraktiker ausbilden ließ, schwänzen würde. „Das läßt sich nachlernen", war sein kurzer Kommentar. Dagegen schien ihm die Vorstellung, das erste Mal das Leben der Rußlanddeutschen in Ostpreußen zu dokumentieren, einfach unverzichtbar. Er *mußte* mit.

***

Manchmal braucht man halt gute Engel. Ein solcher Engel ist die junge Stewardeß der Austrian-Airlines auf dem Flughafen Berlin-Schönefeld, im Südosten der Stadt. Lithuanian-Airlines hat noch kein eigenes Büro in Deutschland und wird in Berlin-Schönefeld von Austrian-Airlines vertreten. Ich hatte die drei Flugtickets telefonisch gebucht. Nun sitzen wir eine dreiviertel Stunde vor Abflug der Maschine im Berliner Feierabendverkehr am Freitag nachmittag fest. In quälendem Stop-and-go geht es auf der Autobahn quer durch Berlin nach Süden. Mit einigen nicht immer ganz legalen Tricks versucht Henning, den Kampf mit

10

der Zeit doch noch zu gewinnen. Schließlich, um 14.55 Uhr, fünfzehn Minuten vor Abflug unserer Maschine, liegt der Flughafen Schönefeld vor uns. Ich springe aus dem Wagen und laufe die Treppe des Flughafengebäudes hoch, während Henning und Edith einen Parkplatz für das Auto suchen. Am Schalter der Austrian-Airlines steht mein Engel und unsere Retterin.

„Sind Sie aus Kiel?" ruft sie mir schon auf mehrere Meter Entfernung zu. „Ich habe gerade schon in Kiel angerufen, und man hat mir bestätigt, daß Sie auf dem Wege seien. Wo sind denn die beiden anderen?"

Ich danke dem Himmel, daß dieser Flug nicht von Hamburg-Fuhlsbüttel oder auch Berlin-Tegel startet. Längst wäre die Abfertigung abgewickelt gewesen, und man hätte uns, fünfzehn Minuten vor dem Start der Maschine, nur mitleidig auf die nächste Maschine verwiesen. In Berlin-Schönefeld, im ehemaligen Ostteil der Stadt, gehen die Uhren noch ein bißchen anders. Unsere Stewardeß nimmt das jetzt in die Hand. Als erstes telefoniert sie mit der Abfertigung und kündigt unser Kommen an. Im Laufschritt ist sie sich dann nicht zu schade, mit mir zusammen bei leichtem Nieselregen auf dem großen Parkplatz vor dem Flughafengebäude nach meinen Mitreisenden zu suchen. Nachdem sie den beiden genauestens erklärt hat, wo die Gepäckabfertigung stattfindet, eilt sie mit mir zu ihrem Schalter zurück. In Windeseile werden die Flugtickets ausgestellt, und wir laufen zusammen durch das Flughafengebäude zum Abfertigungsschalter. Ein nervöser Flugbegleiter schaut dort ein wenig unwillig auf seine Uhr. Es ist inzwischen fünf nach drei.

In Seelenruhe unterzieht der Bundesgrenzschutz unsere Videokamera einer eingehenden Untersuchung. Mit einem Sprengstoffsuchgerät wird die gesamte Kamera abgetastet. Dann, nach einem heißen Dank an unsere liebe Helferin von der Austrian-Airlines, geht es zu Fuß über das Rollfeld zur litauischen Maschine, einer schon ein wenig ins Alter gekommenen Boeing, die, innen und außen sorgfältig mit Farbe behandelt, fast wie neu aussieht.

Die neue litauische Fluggesellschaft imponiert uns. Mit einer Mischung aus internationalem Standard und litauischem Provinzcharme wird hier eine sympathische Einheit hergestellt. Die Stewardessen tragen zu schwarzen Röcken und Strümpfen kurze rote Jacken und weiße Blusen. Als besonders geschmackvolle Eigenart sticht eine große Bernsteinbrosche am Kragen ins Auge. Kleine Ohrclips aus Bernstein runden das Bild ab. Böse Zungen behaupten, Bernsteinschmuck sei mehr etwas für ältere Jahrgänge. Das kann ich überhaupt nicht bestätigen. Der Bernsteinschmuck steht diesen jungen, hübschen Mädchen ganz ausgezeichnet zu Gesicht.

Über Berlin ist noch eine ganze Zeitlang relativ gute Sicht, obwohl der Himmel leicht verhangen ist. Dann, nach dem Durchstoßen der Wolkendecke, das immer wieder imposante Schauspiel der weißen Wolkenberge und des unverhüllten Balles der Sonne. Eine Stunde und zwanzig Minuten dauert dieser Flug nur. Aber es ist ein Flug in Richtung Winter. Über Wilna durchstoßen wir eine dicke, graue Wolkendecke und sind einigen Turbulenzen ausgesetzt, bevor wir auf der verschneiten Piste aufsetzen.

In Wilna ist bereits früher Abend, es ist feucht und kalt. Vor dem Flughafengebäude steht Ediths Vater, mit pelzverbrämtem Mantel und Schiebermütze, an seinem gelben Lada. Etwas irritiert zeige ich mit der Hand auf die vier Einschläge auf der Windschutzscheibe, an denen das Glas in alle Richtungen gesplittert ist. Darüber lacht Ediths Vater nur. Die Scheibe sei schon seit Jahren kaputt. Das Abenteuer kann beginnen.

Nach Ostpreußen

Am Samstag morgen um zehn Uhr verlassen wir Jonava in Richtung Kaunas.

Noch in der Nacht sind wir von Wilna aus, wo unsere Dolmetscherin Edith wohnt, weiter nach Jonava, einer Stadt, die ungefähr eine halbe Stunde von Kaunas entfernt liegt, weitergereist. Hier ist Ediths Familie zu Hause, und hier werden wir in großer Gastfreundschaft aufgenommen und beköstigt. Wir werden das auf dieser Reise immer wieder erleben, daß die gastgebenden Familien in den engen Ostblockwohnungen ihre eigenen Schlafzimmer räumen, damit wir als ihre Gäste so bequem wie möglich schlafen können. Die Gastgeber selber ziehen sich derweil auf Sofas und improvisierte Unterlagen in andere Räume zurück. Die Nachtruhe ist kurz und unruhig. Die bevorstehenden Ungewißheiten werfen ihre Schatten voraus. Ein starker Sturm, der sich erst in den frühen Morgenstunden legt, trägt das Seinige zur Unruhe bei.

Beim Beladen des Ladas tun sich ungeahnte Schwierigkeiten auf. Gut ein Drittel des Kofferraumes ist jetzt bereits durch drei große Benzinkanister blockiert. Aber ohne Mitnahme einer großen Benzinreserve wäre es sinnlos, diese Fahrt anzutreten. Schon in Litauen ist das Benzin unbezahlbar teuer, jedoch gegen Devisen auf einigen Umwegen durchaus zu erhalten. In Nord-Ostpreußen erwartet uns dagegen eine vollkommen unwägbare Situation.

Es ist regnerisch und windig, als wir auf einer schnurgeraden Allee, die von Birken und Nadelgehölz gesäumt ist, in Richtung Kaunas fahren. Die Umgebung macht einen unsauberen Eindruck. Bis tief in den Wald hinein liegen Papier und Abfälle. Nach wenigen Kilometern verbreitert sich die Straße plötzlich ohne Ankündigung und geht in eine Autobahn über. Wir haben jetzt Gelegenheit, im Hellen solch eine Autobahn zu besichtigen, die bei uns als Mitfahrer in der Nacht einige Besorgnisse erweckt hatte. Diese Art von Autobahn entspricht natürlich keineswegs deutschem Sicherheitsempfinden. Ohne Leitplanken und weiße Begrenzungsstreifen wirkt die breite Piste unübersichtlich. Auch die vielen Abfahrten und Parkplätze ohne gesonderten Beschleunigungsstreifen wirken beunruhigend und schaffen immer wieder gefährliche Situationen. Nur das Fehlen von Kreuzungsverkehr ist das einzige wirkliche Übereinstimmungsmerkmal mit den hiesigen Autobahnen.

Die Stadt Jonava entspricht der üblichen Bauweise, die wir aus Osteuropa kennen. Überall erhebt sich gegen den Himmel die Skyline der Wohn- und Neubausiedlungen. Daneben gibt es jedoch einen relativ großen Bestand an älteren Häusern in Holzbauweise. Die Häuser sollen aus der Nachkriegszeit stammen; ich habe Zweifel daran und würde sie eher in die Vorkriegszeit datieren. Den Kontrast zu den ausgedienten Wohnsiedlungen bilden an der Ausfallstraße nach Kaunas weitläufige Schrebergartensiedlungen mit erstaunlich großen, recht gepflegt wirkenden Wochenendhäusern. In einer dieser Siedlungen hat auch unsere Gastgeberfamilie ein solches voll bewohnbares und beheizbares Wochenendhaus. Edith erzählt uns, daß es sich bei dieser Konzeption um eine typische planwirtschaftliche Fehlentscheidung gehandelt habe. Es gab relativ einfach und großzügig Baumaterial für diese Wochenendhäuser zu kaufen. Nun stehen diese Häuser fast das ganze Jahr über leer. Mit nur wenig mehr an Materialaufwand hätte man den Menschen auch den Bau eigener Einzelhäuser ermöglichen können. Dies wäre ein sinnvoller Weg gewesen. Stattdessen gibt es jetzt auf der einen Seite die mehr oder weniger lebensunwürdigen hohen Wohnsiedlungen und auf der anderen Seite in großer Ausdehnung die auf Dauer unbewohnbaren Wochenendhäuser.

Noch vor wenigen Tagen ist es in Jonava wesentlich kälter gewesen. Wir finden unterwegs auf Gewässern überall noch dünne Eisflächen. Nach ungefähr fünf Kilometern endet die Autobahn bereits wieder, und wir werden über eine kleine Umleitung auf die linke Spur geführt. Solche Überführungen sind in dieser Gegend besonders tückisch. Die Hauptfläche der Autobahn war relativ glatt, wenngleich die Straße keine befestigten Seitenstreifen hatte und auch große Schlaglöcher an den Seiten aufwies. Die Überführung dagegen ist durchgängig von tiefen Schlaglöchern gekennzeichnet, die überraschend und ohne jede Vorwarnung auftauchen. Mit westlichen Autos ist hier bei ungenügender Aufmerksamkeit ein Achsschaden vorprogrammiert. Wir fahren jetzt wieder auf einem Straßenstück mit Gegenverkehr. Rechts ist die Trasse der Autobahnspur in Richtung Kaunas bereits vorbereitet und führt kilometerlang neben uns her. Das Verkehrsaufkommen ist lebhaft. Es fallen vor allem die Lastkraftwagen robuster sowjetischer Bauart auf. Die Umgebung wirkt landwirtschaftlich ungenutzt, scheint auch etwas moorig zu sein.

Wir fahren durch Karmelava, es handelt sich um einen kleinen, ehemals überwiegend sowjet-russisch besiedelten Ort mit einem Militärflughafen. Man findet hier eine große Zahl von typisch russischen Häusern in Flachbauweise. Beim alten Baubestand rutschen teilweise die Dachpfannen von den Dachkonstruktionen. Ansonsten sieht die Landschaft auch in der Fläche überall so aus, als ob einmal eine größere Aufräumaktion stattfinden müßte. In Richtung Kaunas gibt es einen eher litauischen Teil der Stadt. Hier haben sich Litauer kleine, ordentliche Häuschen gebaut und fahren von hier aus nach Kaunas zur Arbeit. Linker Hand ist jetzt auch das Flughafengelände zu sehen. Zuweilen halten russische Militärfahrzeuge auf der Autobahn einfach an. Schon hier am Ortsausgang, mehr noch später in der Umgebung von Kaunas, fällt die Zerklüftung der gesamten Umgebung durch große elektrische Hochspannungsleitungen auf. Wenige Kilometer vor Kaunas werden wir auf eine Skurrilität aufmerksam gemacht. Ungefähr drei Kilometer von der Stadt entfernt liegt rechter Hand ein riesiges Gelände mit mehreren hundert Garagen aus Wellblech. Die Anlage befindet sich auf freier Fläche und ragt zu einem Teil in ein Waldstück hinein. Auf meine Frage, wo denn die dazugehörigen Häuser der Autobesitzer seien, werde ich auf die Stadt Kaunas verwiesen. Wir erkundigen uns erstaunt bei Edith, wie denn die Eigentümer der Autos nach Hause kämen. Daraufhin erfahren wir, daß ein Busverkehr im 10-Minuten-Takt auf dieser Straße zwischen Kaunas und den Garagen verkehrt und daß die Leute, nachdem Sie ihr Auto abgestellt haben, mit dem Bus in die Stadt hineinfahren. Ein originelles Modell für Leute mit besonders viel Zeit und mit ausgeprägter Sorge um das eigene Auto; denn nicht umsonst werden die Autos auf diesen riesigen Garagenhöfen, die man überall in Litauen findet, Tag und Nacht bewacht. Nur mit einer speziellen Genehmigung darf man die Schranke zum Garagengelände passieren.

Von Kaunas, in das wir nun hineinfahren, schwärmt Edith. Es sei die schönste und reichste Stadt Litauens. Leider haben wir aus Zeitgründen keine Gelegenheit, die Altstadt von Kaunas zu besichtigen. Am Ortseingang fahren wir an einer ungefähr 400 Meter langen Autoschlange vorbei, die vor einer Tankstelle wartet. Der Benzinpreis ist seit Jahresanfang insgesamt um das Zehnfache gestiegen. Der neugebaute Bereich der Stadt ist weiträumig angelegt, mit großen breiten Straßen und den üblichen Wohnvierteln aus Hochhäusern in Betonbauweise. Der Ort macht den gewohnten osteuropäischen Eindruck, er befindet sich jedoch in einem relativ gepflegten Zustand.

Verblüffende Eindrücke gewinnen wir, als wir in ein altes Wohnviertel fahren, um dort in einem Laden Mohrrüben zu kaufen. Das Wohnviertel besteht fast durchgängig aus alten Holzhäusern. Erstaunlich ist die unmittelbare Umgebung der Häuser. Die gesamte Fläche befindet sich in tiefem Schlamm. Es gibt keinerlei Bürgersteige, Zufahrten zu den Häusern oder wenigstens deutlich erkennbare Trampelpfade, Knüppelwege oder ähnliches. Man kann die Häuser in dieser Umgebung tatsächlich nur erreichen, indem man durch diesen tiefen, fast schwarzen Schlamm hindurchwatet. Die ganze Siedlung wirkt slumartig. Der Besuch des Geschäftes fördert den trostlosen Eindruck zu tage, wie wir ihn bereits aus anderen osteuropäischen Staaten kennen. In diesem sogenannten Gemüsegeschäft gibt es Mohrrüben, Kartoffeln und grüne Tomaten in großen Fünf-Liter-Gläsern. Sonst nichts. Dafür sind die Gläser in üppiger Anzahl vorhanden. Sie nehmen, in Gitterboxen gestapelt, fast die Hälfte des Ladenraumes ein.

Wir erhaschen nur wenige Eindrücke des alten Bereiches der Stadt Kaunas. Über eine lange Steinbrücke verlassen wir die Stadt in Richtung Westen. Die beiden Flüsse Neris und Nemunas fließen in der Stadt zusammen. Hier bilden sie bereits einen gewaltigen, gemeinsamen Strom, dessen Ufer unbefestigt sind. Unterhalb der gewaltigen Brücke sieht man an den Ufern unzählige Männer in dunkler Kleidung mit ihren Angeln stehen. Wir lassen die zweitgrößte Stadt Litauens mit ihren 400.000 Einwohnern hinter uns.

Je weiter wir in Richtung Grenzgebiet gelangen, desto vorteilhafter wird der Gesamteindruck. Es beginnen ausgedehnte bewirtschaftete Flächen, immer wieder unterbrochen von kleinen Waldstücken von jeweils etwa einem halben Hektar, in deren Mitte sich ein Gehöft, meist aus Holz, mit einigen Nebengebäuden befindet. Auch ganze Ortschaften, zum Beispiel Pilviskiai, wirken gepflegt. Die Häuser haben Vorgärten mit Büschen, Hecken und Zäunen. Edith spricht eine Zeitlang mit ihrem Vater auf litauisch und übersetzt uns dann lächelnd, daß es sich in dieser Gegend um einen eigenen litauischen Menschenstamm handele, ähnlich den deutschen Schwaben. Den Leuten wird nachgesagt, daß sie jede Mark zweimal umdrehen, bevor sie sie ausgeben, und daß sie sich ständig sehr geschäftig um Bau und Pflege ihrer Häuser und ihrer Lebensumgebung kümmern. Uns ist dieser Menschenschlag vertraut und sympathisch, und wir machen uns unseren Reim darauf, daß dieser Wandel im Erscheinungsbild gerade im Grenzraum zur alten deutschen Provinz Ostpreußen stattfindet.

In Vilkaviskis finden wir wieder den bekannten Eindruck ausgedehnter Hochhaussiedlungen vor. In diesem Ort stoßen wir erstmals auf ein Hinweisschild nach „Kaliningradas". Wie auf diesem Schild so haben die Litauer auf jedem anderen Straßenschild auch sorgfältig die kyrillischen Buchstaben übermalt. Mit einer beispielhaften Konsequenz stellt dieses kleine tapfere Volk seine nationale Würde wieder her. Etwas beschämt muß ich an die zahllosen Karl-Marx-, Karl-Liebknecht- und Rosa-Luxemburg-Straßen denken, die immer noch die mitteldeutschen Städte und Ortschaften schmähen. Wie unendlich lange hat es gedauert, bis auf den Durchgangsautobahnen, etwa der Autobahn Hamburg-Berlin, die Hinweise „Transit Westberlin" oder „Transit Polen" verschwanden. Und wie lange wird es wohl erst noch dauern, bis die unzähligen Lenin-Denkmäler und sowjetischen Siegesehrenmale überall in Mitteldeutschland verschwunden sind. Aus der Bevölkerung jedenfalls scheint sich kein spontaner Widerstand dagegen zu regen, daß diese steinernen Zeugen der jahrzehntelangen Vergewaltigung unseres Volkes immer noch ungeschoren in fast jedem Dorf und jeder Stadt in Mitteldeutschland stehen.

Langsam kommt bei uns eine gewisse Unruhe auf. In Litauen hat man inzwischen doch das Gefühl, sich in einem freien Land zu befinden. Aber was erwartet uns in Nord-Ostpreußen? Nach Litauen einzureisen war einfach. Im Februar stempelten die litauischen Behörden das Visum bei der Einreise direkt in den Paß. Inzwischen ist das wieder erschwert, man muß sein Visum vorher bei der litauischen Botschaft in Bonn beantragen. Nach unseren damaligen Informationen soll angeblich bei der Einreise nach Nord-Ostpreußen auf russischer Seite nicht kontrolliert werden. Aber nur eine Handvoll Reisende hat das wirklich ausprobiert. Werden wir also ungehindert nach Nord-Ostpreußen einreisen können, oder wird unsere Fahrt hier womöglich ihr abruptes Ende finden?

Auch Edith und ihrem Vater ist eine gewisse Unruhe anzumerken. Edith schlägt vor, daß wir in einem der Grenzdörfer Erkundigungen einziehen

22

und vielleicht sogar irgendwo über die grüne Grenze fahren. Ich bin strikt dagegen, Schwierigkeiten zu konstruieren, die vielleicht gar nicht vorhanden sind. Die Einreise bei Eydtkuhnen soll möglich sein, also probieren wir sie erst einmal ohne Umweg und ohne Zähneklappern aus. Kurz vor der Grenze noch einmal eine geschlossene Bahnschranke; Wartezeiten dieser Art sind im inzwischen fast hundertprozentig kreuzungsfreien Schienen-Straßenverkehr in Deutschland fast unbekannt geworden. Wenn man es nicht übermäßig eilig hat, kann es ganz unterhaltend sein, vor solch einer Bahnschranke zu stehen, das Herannahen des Zuges zu beobachten und die endlose Kette der Güterwaggons zu zählen.

Hinter der Schranke geht dann alles recht schnell. Nach wenigen Minuten erscheinen die ersten Hinweisschilder auf die Grenze, dann sind wir bereits an der litauischen Abfertigung. Hier wirkt alles noch etwas provisorisch. Auf der rechten Seite wird ein kleines Abfertigungsgebäude neu gebaut, links steht ein älteres. In Richtung Westen zwei Halbschranken, die von einem Grenzposten betätigt werden. Die Litauer scheinen ein bißchen Spaß an der Grenzabfertigung zu haben, was man ihnen nicht verübeln kann. Schließlich sind sie über Jahrzehnte nicht souveräner Herr ihrer eigenen Grenzen gewesen, sondern standen unter dem Diktat der sowjet-russischen Politik und Überfremdung. Jetzt haben sie sich hier einen kleinen, jedoch harmlosen bürokratischen Hindernislauf ausgedacht. Ein Grenzer notiert die Autonummer des Fahrzeuges und reicht einem den kleinen Zettel mit der Nummer ins Auto hinein. Man fährt dann fünf Meter weiter zu einem Uniformierten, der sich überraschenderweise überhaupt nicht für die Pässe interessiert, sondern nur für den Kofferraum. Der Kofferraum muß geöffnet werden, und leider muß auch mein großer Schalenkoffer, der zuunterst direkt über den Benzinkanistern liegt, herausgezogen und geöffnet werden. Der Uniformierte wirft einen Blick auf den Inhalt, und der Koffer darf wieder verschlossen und der gesamte Kofferrauminhalt wieder eingeräumt werden.

Während Ediths Vater den Kofferraum neu packt, fällt unser Blick auf ein großes, weißes Schild am litauischen Abfertigungsgebäude. Zu unserer Verblüffung steht dort neben einigen litauischen Worten links und einigen russischen Worten in der Mitte rechts auf dem Schild in großen Lettern das deutsche Wort „Zollamt". Henning und ich gucken uns an, reiben uns automatisch die Augen und müssen darüber lachen. „Das darf doch nicht wahr sein", entfährt es Henning: „Da müssen die Litauer uns vormachen, daß es hier hinübergeht ins deutsche Ostpreußen!" Ich mache Edith auf das Schild aufmerksam und bitte sie, den litauischen Grenzer zu fragen, seit wann dieses Schild dort befestigt ist. Edith geht noch einmal zu dem hochgeschossenen schwarz uniformierten

Mann, der einen ausgezeichneten Eindruck macht, und erkundigt sich nach dem Schild. Wir erfahren, daß dieses Grenzschild unmittelbar nach Übergang der Grenzsouveränität auf Litauen von der litauischen Verwaltung hier befestigt wurde. Auf unsere Frage, ob wir dieses Schild fotografieren dürfen, wird seitens des Grenzers lächelnd zugestimmt. Wir machen einige Fotos und sind gerade im Begriff, den Wagen wieder zu besteigen, als zwei Männer aus dem Abfertigungshaus herauskommen und uns durch Gestik zu verstehen geben, daß wir noch einmal zum Gebäude kommen mögen. Meine spontane Befürchtung ist, daß es nun doch noch Ärger gibt. Mit dem Fotografieren von Grenzanlagen kann man, das ist eine leidvolle Erfahrung, überall in Osteuropa leicht Schwierigkeiten bekommen. Hier nun passiert das Gegenteil: Die beiden litauischen Grenzer, die uns beim Fotografieren beobachtet haben, entrollen stolz eine litauische Fahne, die sie neben dem Schild in einen vorbereiteten Fahnenhalter stecken. Soviel patriotischer Stolz kann einen eigentlich blaß vor Neid werden lassen, und gerne kommen wir der Aufforderung nach, das Schild auch noch einmal zusammen mit der eigens gehißten litauischen Fahne zu fotografieren.

Edith hat inzwischen mit dem schwarz uniformierten Grenzer noch ein wichtiges Gespräch geführt. Er hat ihr bestätigt, daß auf russischer Seite nicht kontrolliert wird. Da wir jedoch neben einer

Videokamera-Ausrüstung auch noch zwei Fotoapparate und ein Diktiergerät mitführen, empfiehlt er uns dringend, die litauische Einfuhrerklärung auf russischer Seite abstempeln zu lassen, damit es später nicht wegen dieser Geräte zu irgendwelchen Schwierigkeiten kommt. Dann rollen wir weitere fünf Meter in Richtung Schlagbaum, um dort bei dem nächsten Posten unseren kleinen Kontrollzettel mit der Autonummer wieder abzugeben. Der Bürokratie ist genüge getan. Die Schranke öffnet sich, und nun geht es tatsächlich hinüber nach Ostpreußen.

Ein trostloser Eindruck empfängt uns. Vor uns wiederum zwei Halbschranken, von denen die rechte, die nach Nord-Ostpreußen hineinführende Schranke geöffnet steht. Links davon ein verwahrlostes Gebäude. Edith will mit unserem Zolleinfuhrzettel in dieses Haus hinein, um ihn abstempeln zu lassen. Ich will mir den Eindruck nicht entgehen lassen und begleite sie, während sie mir aufgeregt noch und noch einmal einschärft, bloß nicht auf deutsch mit ihr zu reden. Wir betreten einen rund 50 Quadratmeter großen Raum, in dem neben einem Kanonenofen russischer Bauart und einem kleinen Tischchen keinerlei Einrichtungsgegenstände stehen. An dem kleinen Tisch sitzen außerordentlich gelangweilt zwei russische Soldaten. Der Raum ist überheizt und rauchgeschwängert. Mit großer Anstrengung versucht einer der russischen Soldaten die Einfuhrerklärung zu lesen.

26

Da ich auf dem litauischen Flughafen die deutsch-sprachige Version dieser Erklärung ausgefüllt habe, kann er kein Wort entziffern, was er sich jedoch anscheinend nicht sofort anmerken lassen möchte. Mit wichtiger, aber mehr noch angestrengter Miene starrt er eine ganze Weile auf das Blatt, und auch Edith macht klugerweise keine Anstalten, ihm bei der Entzifferung behilflich zu sein. Stattdessen bittet sie ihn darum, auf das Blatt einen Stempel zu drücken. Das kann der Soldat und tut es also auch bedeutungsschwer und mit geübtem Schwung.

Es ist kaum zu glauben, daß dies der einzige übriggebliebene Rest der schier unüberwind-lichen Barrieren sein soll, die Nord-Ostpreußen einst vor den Augen der Öffentlichkeit abgeschirmt hielten. Kein Grenzer oder Soldat läßt sich draußen blicken, als wir langsam weiter, an einigen Militäreinrichtungen vorbei, in Richtung Ebenrode rollen. Gleich rechts der deprimierende Anblick einer großen Kirchenruine mitten auf einem Militärgelände; ein roter Doppelturm über einem zerstörten Kirchenschiff ragt über die Mauer eines Kasernengeländes. Wir durchfahren die Reste des vollkommen ungepflegt und verwahrlost wirkenden ehemaligen Grenzortes Eydtkuhnen. Eine durchlöcherte Straße, Schlamm, der meterhoch an Bäume und Häuserwände gespritzt ist, einige verfallene Häuser, das ist der ganze Eindruck, den dieser Ort hinterläßt. Danach beginnt die 140 Kilometer lange Allee, die Eydtkuhnen mit Königsberg verbindet. Über einige Kilometer schlängelt sie sich hier in Richtung Westen und geht dann in schnurgerader Form weiter.

Nun geschieht etwas ganz Rührendes. Unsere litauische Dolmetscherin Edith seufzt tief auf und sagt: „Herrlich, endlich wieder in Deutschland!" Ob Edith ahnt, wie beklommen uns bei diesen ersten Eindrücken Ostpreußens zumute ist und wie gut uns dieser freundliche Beweis ihrer Verbundenheit tut? Natürlich ist das deutsch-litauische Verhältnis nicht ohne Probleme. Auch die Situation des Memellandes, das nach dem Ersten Weltkrieg erstmals von Litauen annektiert und dann 1939 freiwillig an das Deutsche Reich zurückgegeben wurde, muß gelöst werden. Seit 1945 haben es die Russen nach dem Prinzip „teile und herrsche" wieder an Litauen gegeben. Aber für den Moment und für die kommenden Jahre ist die Frage wichtiger, wie sich Litauen insgesamt zur Frage Nord-Ostpreußens stellt. Aus absolut zuverlässiger Quelle wissen wir, daß die polnische Regierung, wenngleich zunächst nur auf diplomatischen Kanälen, so doch in völlig offizieller Form der litauischen Regierung im Frühjahr 1992 eine Liste mit vier Varianten einer regionalen Aufteilung Nord-Ostpreußens zwischen Polen und Litauen vorgelegt hat. Die Litauer sind demnach aufgefordert, sich aus diesen Varianten nur noch die ihnen sympathischste heraussuchen. Es liegt daher heute an uns, die Frage des kleines Memellandes nicht unnötig herauszustreichen. Wie gesagt hat sich das Problem schon einmal im Frühjahr 1939 gütlich erledigen lassen. Wichtiger ist es heute, die Litauer in der Ansicht zu bestärken, daß die deutsche Variante für Litauen die wertvollste ist.

Es hat auch schon konkrete Angebote der russischen Regierung an Litauen gegeben, das gesamte Nord-Ostpreußen dem litauischen Staat zuzuschlagen. An dem geäußerten Desinteresse der Litauer sieht man, wie kompliziert die Situation vor Ort ist. Es gibt durchaus eine politische Strömung in Litauen, die Gefallen an der Idee findet, weitere Teile Ostpreußens zu okkupieren. Aber zugleich sind diese Politiker zu klug, um sich auf diese Weise eine russische Minderheit von 900.000 Köpfen in den eigenen Staat hineinzuziehen. Dazu sind die Erfahrungen, die sie in ihrer Geschichte mit Rußland gemacht haben, allzu schmerzlich. Es liegt jetzt an uns, eine ähnliche Sensibilität den Polen gegenüber zu schärfen. Grundsätzlich steht man in Litauen der polnischen Politik skeptisch gegenüber. Polen stellt unverhohlen territoriale Ansprüche auf weite Teile Litauens einschließlich der litauischen Hauptstadt Wilna. Aber noch ist Litauen, dem die lange Tradition historischer Erfahrungen verlorengegangen ist, sich über die tragischen Mechanismen deutscher und polnischer Politik nicht im klaren. Niemand in der Welt wird – von ein paar jämmerlichen verbalen Protesten abgesehen – Litauen Beistand leisten, wenn Polen eine militärische Aktion in das heute noch fast wehrlose Litauen hineinträgt. Gründe dafür, etwa die Verteidigung der Rechte der polnischen Minderheit in Litauen, werden sich leicht finden. Litauen, das sich immer der Gunst einer kleinen litauischen Lobby in den USA erfreuen konnte, wird in Krisensituationen feststellen, daß die polnische Lobby in den Vereinigten Staaten weitaus mehr Gewicht hat und es dann bitter allein stehen wird.

Andererseits kann Litauen verständlicherweise den paranoiden Charakter bundesdeutscher Politik nicht begreifen und nachvollziehen. Wir selbst sind es, die litauischen Politikern bei jeder sich bietenden Gelegenheit sagen müssen, daß litauisch-deutsche Konstellationen eine Frage des eindeutigen litauischen Eigeninteresses sind. Litauen befindet sich in der paradoxen und tragischen Situation, daß der Inhalt eines jeden vertraulichen Gespräches zwischen litauischen und offiziellen deutschen Politikern sich spätestens 24 Stunden hernach auf dem Schreibtisch des polnischen Präsidenten einfindet. Das offizielle Bonn, insbesondere der diplomatische Apparat des Außenministeriums, verfolgt polnische und keineswegs deutsche Interessen und wird ohne jeden Skrupel jeden deutsch-freundlichen Vorstoß Litauens postwendend an polnische Dienststellen weitermelden.

Insofern befindet sich Litauen in keiner beneidenswerten Position.

Polnische Vorschläge hinsichtlich einer Aufteilung Nord-Ostpreußens zwischen Polen und Litauen sind also weniger als Geschenke denn als Drohungen zu verstehen. Nichts wäre Litauen lieber, als das Bedrohungspotential von 900.000 Russen, von denen die meisten als Militärs unter Waffen stehen, möglichst schnell loszuwerden. Andererseits ist diese russische Enklave Nord-Ostpreußen Litauens einzige, wirklich wirkungsvolle Sicherheit gegen seine existentielle Bedrohung durch Polen. Wer dieses Szenario für übertrieben hält, dem sei eine gehörige Lektion Nachhilfe in polnischer Geschichte anempfohlen. Es gibt noch ungeahnte Regionen urpolnischer Erde, die es für Polen in jeder Himmelsrichtung zu befreien gilt ...

Dieser kurze Blick auf die Probleme der litauischen Politik zeigt zugleich, welche Schlüsselrolle dem nördlichen Ostpreußen für die Zukunft des gesamten Raumes zufallen wird. Nicht nur litauische und polnische Interessen sind hier tangiert. Litauen wird sich, wenn es klug ist, nichts sehnlicher wünschen, als eine deutsche Region Nord-Ostpreußen. Daß es solche Klugheit in der litauischen Politik gibt, beweist als äußeres Symbol das deutsche Schild „Zollamt" am litauisch-deutschen Grenzübergang Eydtkuhnen.

Zugleich ist hier natürlich auch höchste russische Diplomatie gefordert. Es ist eine Tragik ohnegleichen, daß in diesen Jahren des totalen Umbruchs Rußland in den Strudel von Führungs- und Konzeptionslosigkeit gerät. Zwielichtige Berater verführen die russische Politik zu merkantilen Betrachtungsweisen und degradieren dieses einzige Führungsland Osteuropas zu einem künftigen Absatzmarkt westlicher Waren, Moden und Ideen. Nichts wäre jetzt in den deutsch-russischen Beziehungen wichtiger als eine russische Politik mit historischem Symbolwert. Nichts könnte zugleich russischen Interessen mehr dienen, als den wirtschaftlich und militärisch unumgänglichen Rückzug aus Nord-Ostpreußen mit einer politischen Lösung für dieses Land zu verbinden, die ein historisches Signal für eine neue Phase deutsch-russischer Zusammenarbeit wäre. Es ist eine traurige Wahrheit, daß die deutsche Regierung an Nord-Ostpreußen nicht nur desinteressiert ist, sondern sogar jeden konstruktiven Lösungsversuch geradezu sabotiert. Der einzige sinnvolle, perspektivische Schritt, nämlich ein Bevölkerungsaustausch zwischen Rußlanddeutschen aus den mittelasiatischen ehemaligen Sowjetrepubliken nach Nord-Ostpreußen und der jetzigen russischen Bevölkerung Nord-Ostpreußens nach Rußland wird in Bonn strikt abgelehnt, auch wenn in dieser Richtung immer wieder russische Vorstöße erfolgen. Es ist schwer, der russischen Regierung im Verhalten gegenüber dem übermächtig erscheinenden Deutschland gute Ratschläge zu geben. Zumindest jedoch sollte die traditionell langfristig operierende russische Politik erkennen, daß sich die derzeitige deutsche Politik in einem paradoxen Über-

Der Grenzübergang von Litauen ins nördliche Ostpreußen bei Eydtkuhnen

Das erste Hinweis-Schild nach Königsberg in Eydtkuhnen

Blick auf eines der überall aus dem Boden schießenden Neubaugebiete Königsbergs

Die Bauruine des „Hauses der Räte" an der Stelle des einstigen Königsberger
Schlosses

Verleger Dietmar Munier (rechts) im Gespräch mit Pastor Beyer, dem Leiter der deutschen evangelischen Gemeinde in Königsberg

Pastor Erhardt aus Liebenfelde, Gründungspfarrer der deutschen evangelischen Gemeinde in Königsberg

Gespräch im kleinen Gutshaus von Ullrichsdorf. V. l.: Adolf Gomer, Frau Gomer, Sohn Gerhard, Verleger Dietmar Munier

Zwei Enkeltöchter der Familie Gomer am Klavier

Irena Miller, junge Mutter von zwei kleinen Kindern, aus Tollmingkehmen

Verleger Dietmar Munier im Gespräch mit Theo Lamp, rußlanddeutscher Unternehmer aus Irkutsk/Sibirien

Junge Helfer der Aktion „Deutsches Königsberg" im Einsatz. Hier bei einer Kurierfahrt mit Medizin zum Hamburger Flughafen

Helge Redeker (2. Vorsitzender des Schulvereins) in Verhandlungen mit russischen Vertretern des Kreises Ebenrode

Modell des „Trakehner-Hauses", das das Volkshaus der Rußlanddeutschen in Nord-Ostpreußen werden soll

Für den Bau dieser Häuser werden weiterhin Paten für je DM 2500,– gesucht

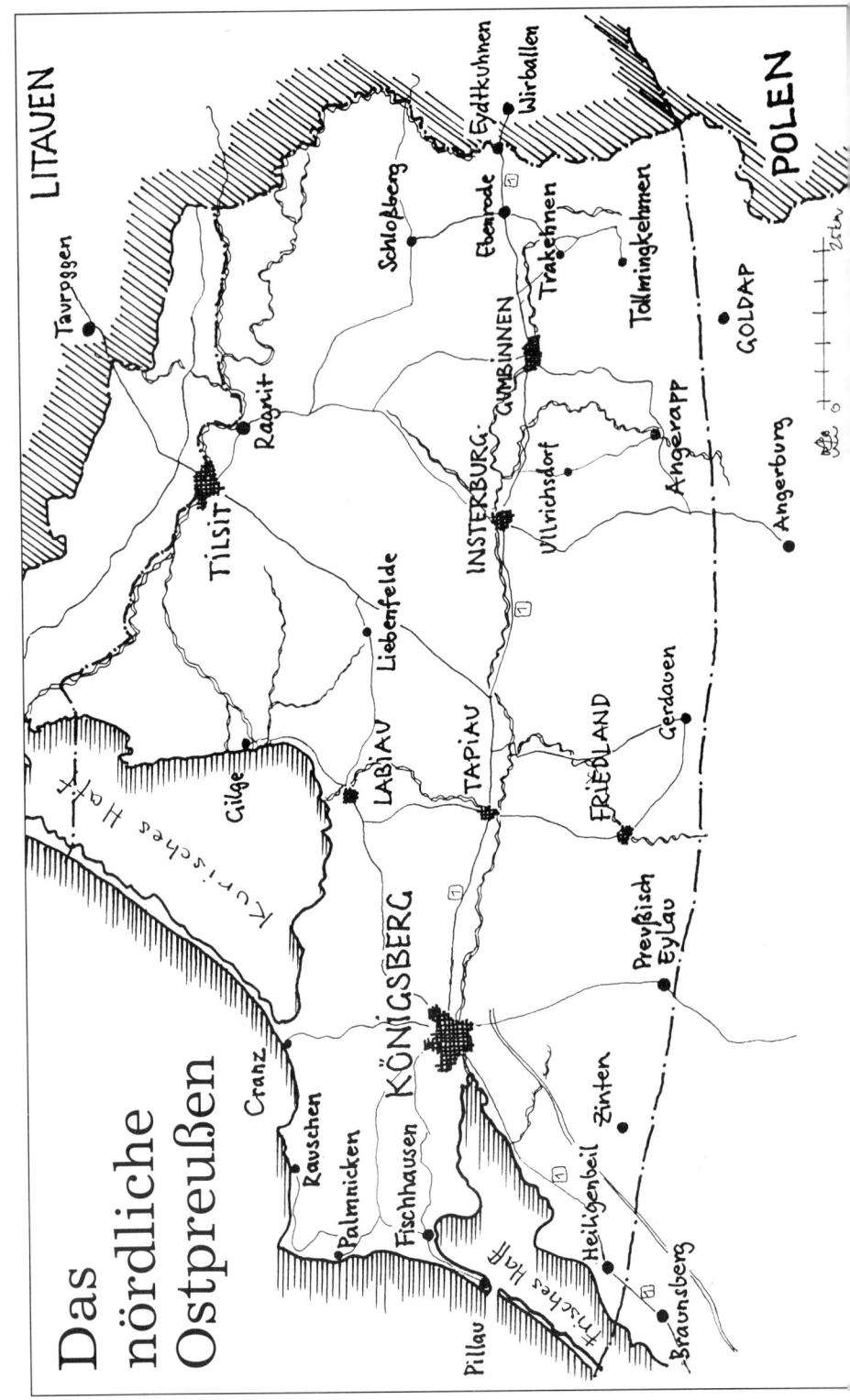

gangsstadium befindet: Die gleichen Politiker, die mit Inbrunst und Bekenntnis das nicht souveräne, Vier-Mächte-beherrschte Deutschland regiert haben, lenken immer noch das seit 1991 souveräne Deutschland – mit dem gleichen Geist. Daß sich dieses Deutschland in den kommenden Jahren aus der Politik und dem Denken in Kategorien der Kollaboration befreien wird, liegt auf der Hand. Daß dann auch Politik und Verträge eines Hans-Dietrich Genscher Makulatur sein werden, sollte eine kluge russische Außenpolitik schon heute erkennen können. Der Mann selber hatte ein feines Gespür für den Termin seines Rückzuges. Die Scherben erntet sein Nachfolger. Rußland sollte sich darauf einstellen, nur solche Lösungen anzustreben und zu unterstützen, die auch vor einer deutschen Generation Bestand haben werden, die Politik wieder im Geiste der Souveränität betreiben wird. Herr Genscher und seine noch im Amt befindlichen Mittäter repräsentieren jene Politik, die die alten Machthaber im Kreml gedeckt, unterstützt und hofiert hat, die ein 70jähriges Meer an Blut und Tränen, geknechtete und unterdrückte Völker sowie ein System von Armut und Niedergang zu verantworten haben. Da ist ein nachträglicher Prozeß gegen Erich Honecker das billigste denkbare Ablenkungsmanöver. Auf den Pfaden dieser Männer und ihrer Politik weiterzuwandeln, hieße in der Tat, sich an der Freiheit der osteuropäischen und mitteleuropäischen Völker zu versündigen.

Drückende Gedanken und Fragen wollen mir nicht aus dem Kopf, wenngleich Augen und Gemüt jetzt erst einmal ihren Tribut fordern. Was gäbe es für ein untrüglicheres Zeichen dafür, sich in Ostpreußen zu befinden, als die schnurgerade Allee, auf der wir uns in Richtung Gumbinnen bewegen. Es handelt sich um die alte Reichsstraße 1, die bis 1945 ungeteilt von Aachen über Berlin und Königsberg bis an die damalige deutsch-sowjetische Grenzstadt Eydtkuhnen führte. Um so schockierter sind wir, daß die Allee plötzlich endet. Zunächst sieht man nur auf der einen Straßenseite die frischgefällten, jahrzehntealten Alleebäume liegen, bald danach erstreckt sich dieser frevelhafte Anschlag auf die Alleebäume zu beiden Seiten der Straße. Wir hatten es schon gerüchteweise gehört und müssen es jetzt hier aus eigener Anschauung erfahren: Die russische Verwaltung vergreift sich an diesem herrlichen, unwiederbringlichen Naturdenkmal, um die Straße zu einer Autobahn in Richtung Moskau zu verbreitern. Obwohl dieser Plan durch die Unabhängigkeit der baltischen Republiken, die an einer solchen schnellen Verbindung kaum Interesse haben dürften, also durch die Geschichte, hinfällig geworden ist, geht das Fällen der Alleebäume auf ostpreußischem Boden ungehindert weiter. Hier wäre eine Bürgerinitiative ostpreußischer Landsleute geboten, die diesem anachronistischen Treiben ein deutliches Paroli entgegensetzten.

Dann, einige Kilometer hinter Ebenrode, unversehens das nach links weisende Straßenschild „Jasnaja Poljana" – Trakehnen! Von wachsender Erregung erfüllt, biegen wir in die Allee Richtung Süden ein und erreichen nach kurzer Zeit die kleine Häuseransammlung an der Bahnstrecke Wilna-Königsberg, die sich nach unseren deutschen Karten früher Trakehnen-Bahnhof nannte. Bahnhöfe machen immer ein wenig wehmütig. Eine breite Trasse von Gleisen führt in west-östlicher Richtung. Aber nur noch ein oder zwei dieser Gleise scheinen benutzt zu werden. Die Gleise mit alter deutscher Spurbreite sind überwachsen und verrostet.

Am Bahnsteig steht ein kleines steinernes Häuschen, ein russischer Neubau. Im Warteraum stehen zwei Kanonenöfen und zwei Holzbänke. Ein Stückchen Rußland mitten in Ostpreußen! An der Wand des Warteraumes hängen die Bildnisse zweier älterer, strengblickender Herren: Lenin und Marx. Die Fortschritte, die diese Herren über die Welt gebracht haben, kann man im Weichenstellerraum nebenan bewundern. Da hantiert der Eisenbahner mit einer Rechenmaschine, wie wir sie später an jeder Ladenkasse und in jedem Restaurant erleben werden: Mit einer Schieblehre mit einigen bunten Kugeln, mit denen man Einer, Zehner und Hunderter saldieren kann. Während der totalitäre Staat Flüge zum Mond veranstaltete und seine Atom-U-Boote in alle Weltmeere schickte, durften

die befreiten Proletarier ihrem beruflichen Tage-
werk mit Kinderspielzeug nachgehen.

Mühsam wühlt sich unser Lada durch die
schlammige Stichstraße vom Bahnhof zurück zur
Hauptstraße. Es geht weiter Richtung Trakehnen.
Und dann beginnt es, fast unmerklich, das einstige
„Heiligtum der Pferde": Einige heruntergekommene, rot geklinkerte Landarbeiterhäuser links
der Straße, rechts ein paar Schuppen. Dazwischen
Dutzende freilaufender Gänse und Hühner und ein
kläffender Köter. Und vor uns, statt einer Straße,
eine breite, breiige Masse aus Pfützen und
Schlamm.

Trakehnen

Wilhelm Molko ist ein Mann von echtem Schrot und Korn.

„Daß das hier deutsches Land ist", sagt Molko, „das haben wir auch nicht gewußt."

Aber jetzt, wo er es weiß, ist für ihn klar: „Da fahr' ich nirgends mehr hin. Da bleib ich hier. Wenn sie uns das geben, dieses Königsberg, dies alles, dann bleiben wir hier."

Der Empfang ist bewegend. Wir klopfen an einer fremden Tür, an der Tür von Wilhelm Molko. Nach einiger Zeit schlurfende Schritte, Herr Molko, ein kräftiger Endsechziger, öffnet die Tür, sieht uns an, und bevor wir auch noch ein Wort sagen können, ruft er fröhlich: „Bitte, kommen Sie rein! Guten Tag, guten Tag! Bitte, bitte, kommen Sie rein! Frieda, Frieda, komm' raus, da sind Deutsche gekommen. Komm' heraus!"

Bewegt drücken wir Wilhelm Molko die Hand.

Hinter ihm kommt seine Tochter Frieda die wenigen Stufen herab, um uns ebenfalls auf deutsch zu begrüßen: „Guten Tag."

Frieda lacht freundlich über beide Backen und macht dabei die Front ihrer Schneidezähne frei, die mit silberfarbenem Aluminium überkront sind und dem jungen Gesicht eine absonderliche Note verleihen.

Henning, Edith und ich betreten das Haus. Ediths Vater bleibt im Auto sitzen, um es zu bewachen. Von diesem Ansinnen läßt er sich auch durch gutes Zureden nicht abbringen und wird auf unserer abenteuerlichen Reise noch manche Stunde bei Wind, Wetter und vor allem hartem Frost nicht von unserem Wagen, den Kameras und dem Gepäck weichen.

Wir werden in das Wohnzimmer gebeten, einen weißgetünchten Raum mit einem Tisch, sowie drei Stühlen und einem Sofa. An der kurzen Wand steht eine Vitrine mit allerlei zusammengesammelten Gläsern, daneben ein Fernseher. Als Wandschmuck hängt über dem Sofa ein riesiger, geknüpfter Teppich. So einen Wandschmuck kennen wir in Deutschland nur aus türkischen Haushalten; bei den rußlanddeutschen Familien, die diese Tradition aus den mittelasiatischen Republiken mitgebracht haben, gehört er zum festen Einrichtungsbestand.

Herr Molko läßt sich nicht lange nötigen und erzählt munter drauflos. Und was er erzählt, interessiert uns brennend: In dieser Gegend seien überall Deutsche, viele Deutsche. In Groß Degesen seien es 35 Familien, in Schloßbach 20, in Tollmingkehmen 22. In jeder Sowchose seien 20 bis 30 deutsche Familien aus Kasachstan, Kirgisien oder Usbekistan. „Überall kommen sie her. Von überall her, wo wir waren, da kommen sie her."

Ich frage ihn: „Wo kommen Sie selber denn her?"

Molko: „Wir kommen aus Kasachstan. Wissen Sie, was das ist? Na, so ein Reich, so wie Deutschland."

„Und was für einen Beruf üben Sie hier aus?"

„Ich arbeite nicht mehr. Ich bin schon in der Pension. Ich bin 67 Jahre alt." Er stellt mir seine Frau vor: „Sie ist 60 Jahre alt. Meine Kinder, die arbeiten. Meine Tochter, die hier bei uns im Hause wohnt, die schafft in der Sowchos-Küche, wo sie das Essen kochen."

„Sie sagen, daß es überall in den umliegenden Dörfern Deutsche gibt. Und hier in Trakehnen, wie viele deutsche Familien gibt es hier bereits?"

Molko: „Ja, das sind schon über 30."

Seine Frau unterbricht ihn: „Nein, es sind schon bald 40 Familien da."

„Na ja", wendet Molko ein, „also 30 rein deutsche Familien sind da. Aber es gibt auch vermischte. Er ist ein Russe, sie ist eine Deutsche, oder sie ist eine Russin und er ist ein Deutscher. Die sind vermischt. Bei euch gibt es so was vielleicht nicht, aber bei uns ist doch vieles vermischt."

„Wann sind Sie denn hierher gekommen, nach Trakehnen?"

„Zwei Jahre sind wir jetzt da. 1990 sind wir gekommen, im Juli 1990."

„Und warum sind Sie gerade hierher gekommen?"

Molko: „1982 haben wir uns in Litauen und in Estland umgesehen. Ich, meine Tochter und mein Sohn, wir wollten eigentlich dorthin fahren, dorthin ziehen. Der Direktor dort sagte auch, ich nehme euch an, aber es fehlt ein amtliches Anschreiben. Wir sollten nach Moskau fahren und ein Anschreiben besorgen. Dann könnten wir herkommen. Daraus ist dann nichts geworden. Dann, vor zwei Jahren haben wir gehört, daß hier früher Deutsche waren."

„Daß das deutsches Land ist ...!" wirft seine Frau ein.

„Daß das deutsches Land ist", wiederholt Molko, „das haben wir auch nicht gewußt. Da sind wir einfach kurzentschlossen mit meiner Tochter hierher geflogen. Das war im Februar, am 11. Februar 1990."

„Wohin sind Sie geflogen? Nach Königsberg?"

„Ja, geradewegs nach Königsberg. Da wollten wir bleiben. Die Russen haben uns gefragt: ‚Was wollen Sie hier? Hier sind keine Deutschen. Alle Deutschen sind im Jahre 1946 fortgegangen. Alle sind nach Deutschland gegangen. Damals haben sie ihre Häuser dahingeschmissen und alles ande-

40

re.' Da sagte meine Tochter: ‚Na Vater, was wollen wir da, wenn lauter Russen hier sind. Keine Deutschen sind da. Und ich habe zwei Mädchen, zwei Töchter. Wenn die Deutschen hier ihre Häuser hingeschmissen haben und alle fort sind, was woll'n wir jetzt hier, wo lauter Russen da sind. Keine Deutschen sind da, und die Russen lassen uns hier ja doch nicht wohnen.' Da sind wir wieder nach Hause gefahren. Aber es hat uns keine Ruhe gelassen. Dann hat mein ältester Sohn hierher geschrieben, an die Kolchose. Und die haben geantwortet: ‚Bitte, kommen Sie, wann Sie wollen.' Und dann sind wir alle los."

Über so viel Pioniergeist kann man nur staunen, denn der erste Besuch in Königsberg scheint ja keine besonders einladende Wirkung gehabt zu haben. Und ich frage noch einmal nach: „In Königsberg wollten sie euch nicht und haben euch gesagt, es seien keine Deutschen mehr da?"

Molko nickt: „Genau, die haben gesagt: Wir wissen gar nicht, wie die Deutschen ausgesehen haben."

Und seine Frau setzt nach: „Wir brauchen keine Deutschen hier, haben sie gesagt."

„Aber Sie haben sich nicht abschrecken lassen?"

„Nein, und dann sind wir hierher gefahren. Meine beiden Söhne sind im Nachbarkreis. Wir sind hiergeblieben."

„In welchem Nachbarkreis? Wie heißt der auf deutsch?"

Molko verlegen: „Ja, wenn ich das wüßte, dann würde ich's dir gerne von Herzen sagen. Ich weiß es nicht. Alles ist russisch hier. Wir wußten ja auch nur, daß das Dorf hier ‚Jasnaja Poljana' heißt. Jetzt weiß ich, daß der richtige Name ‚Trakehnen' ist."

Wir holen eine Ostpreußen-Karte hervor, um uns mit Molko und seiner Frau zusammen besser orientieren zu können. Ehrfürchtig schaut er auf die Karte und fragt: „Ist da alles auf deutsch geschrieben?" Ich nicke.

„Als Sie vor zwei Jahren gekommen sind, waren Sie da einer der ersten, die hierher gekommen sind?"

Molko: „Wir waren als allererste hier, wir waren die allerersten. Da war noch kein Mensch. Auch in den Nachbardörfern nicht. Das war alles leer. Da war nichts. Die Fenster waren rausgeschlagen, die Türen waren kaputt, da war nichts da."

„Und nachdem Sie hergekommen waren, in diesen zwei Jahren, die jetzt vergangen sind, da sind diese ganzen Familien aus der ganzen Umgebung hergekommen?"

Molko: „Ich sage ja, 30 Familien sind's mindestens schon."

„Können Sie einige Namen aufzählen?"

Molko: „Friedchen, du kannst das doch. Die Häuser da unten, das sind alles Deutsche. In den großen Häusern hier in dieser Siedlung, alles Deutsche. Die anderen wohnen da drüben, in den anderen Häusern."

42

„Wie viele Menschen sind denn das, über 30 Familien? Wieviele Köpfe hat so eine Familie? Mit wie vielen Personen sind Sie selbst denn hier?"

Die Frau antwortet: „Wir sind fünf Menschen. Meine Tochter, da gegenüber, hat auch fünf Menschen. Manche haben fünf, manche haben sieben, manche drei. Na, wie soll man euch das sagen. Weniger als fünf oder vier Menschen hat keine Familie. Manche haben acht bis zehn. Wir sind wie die Wilden", lacht sie, „fünf, vier, sechs Kinder, wir sind russische Deutsche, wir haben viele Kinder, jede Familie."

„Und außerhalb von Trakehnen, in den Nachbarorten, sind da ebenfalls Deutsche aus Kasachstan?"

Molko: „Ja, die meisten sind aus Kasachstan. Aus Kasachstan, Kirgisien, Usbekistan, von allen Seiten kommen sie. In Groß Degesen, nördlich von Ebenrode, sind es 35 Familien und sonst, in den meisten Dörfern 20 bis 30 deutsche Familien."

„Und wann sind die gekommen?"

„Ja, die kommen praktisch alle Tage, sommers wie winters daher."

„Es kommen also immer noch wieder neue?"

„Natürlich, es kommen immer neue dazu, und wenn die da sind, kommen wieder neue daher."

„Die, die jetzt kommen, haben die sich denn bei den Behörden angemeldet, oder kommen die einfach auf eigene Faust?"

Molko: „Die kommen erstmal einfach her. Wir

sind bekannt. Dann bleiben sie eine Weile, dann gehen sie zu dem Sowchos-Obersten und fragen nach einer Arbeit. Dann werden sie Melker oder was er ihnen für eine Arbeit gibt, dann kriegen sie ein Quartier und dann machen sie sich das fertig. Die suchen vor allen Dingen was, wo sie wohnen können. Die Familie ist meist noch zu Hause. Wenn sie dann ein Haus zum Wohnen gefunden haben, dann schreiben sie dorthin, und dann kommt die Familie nach, früher können die ja nicht kommen."

„Und was macht jetzt Ihre Familie hier im Einzelnen?"

„Also, genau genommen sind wir vier Familien. Ich habe zwei Söhne. Meine zwei Söhne, denen hat's hier nicht gefallen, die sind in ein anderes Dorf gefahren. Aber das ist auch nicht weit von hier. Das ist in einem anderen Kreis. Das mag 40 Kilometer weit weg sein. Aber den Weg weiß ich nicht, denn ich fahre immer auf dem Omnibus dahin. Manchmal besuchen sie uns. Wenn sie herkommen, sagen sie, sie seien in einer Stunde da. Wenn ich dorthin fahre, fahre ich einen halben Tag lang mit dem Kraftomnibus. Den Weg kenne ich nicht. Wenn ich ein Auto hätte, dann wüßte ich wahrscheinlich den Weg."

„Sie selber haben gar kein Fahrzeug? Sie haben kein Auto?"

„Nein. Ein Fahrrad habe ich, weiter nichts. Das ist ein Drei-Räder-Fahrrad, damit fahre ich alles. Weizen, Kohl und Sand."

44

„Wie machen Sie das denn hier mit dem Einkaufen? Gibt's hier im Ort ein kleines Geschäft?"

Molko: „Wir fahren nach Litauen. Da fahren wir erst bis Ebenrode, das sind zwölf Kilometer, und von dort sind es noch einmal zwölf Kilometer bis zur Grenze. Dann fahren wir rüber, und dort kaufen wir ein. Fleisch und was wir sonst noch so brauchen, Butter usw."

„Also, hier gibt es nichts?"

„Doch, es gibt ein kleines Magazin. Da gibt es zum Beispiel Zucker. Wir kriegen ein halbes Kilo pro Person im Monat. Bei fünf Menschen sind das zweieinhalb Kilo. Butter bekommen wir 200 Gramm, also für fünf Menschen ein Kilo im Monat. Aber hier ist alles arg teuer. Hier kann man nichts kaufen."

„Wieso, ist es in Litauen denn jetzt billiger?"

„Ja, in Litauen ist es billiger. Aber bald geben die uns auch nichts mehr. Wir müssen ja immer über den Grenzübergang, und dann gucken sie nach, was wir gekauft haben. Wir waren mit dem Auto meines Sohnes da. Meine Tochter war auch dabei. Wir hatten sechzig Eier gekauft. Nun sagte der litauische Polizist: ,Macht den Kofferraum auf.' Und ich sagte: ,Ich bin ein Deutscher und Sie sind ein Litauer. Ich bin kein Russe.' Und dann sagte ich: ,Da, nehmt die Eier.' ,Nein, nein,' sagte er, ,behaltet sie nur.'"

„Er hat Sie also laufen lassen?"

Molko: „Ja, der hat uns gehen lassen. Oft lassen

sie einen aber nicht durch. Vielen nehmen sie das Eingekaufte weg, und dann muß man noch bezahlen. So ist das."

„Ihre Tochter, sagten Sie, arbeitet in der Sowchos-Küche. Was machen denn die anderen? Arbeiten die auf dem Lande?"

Molko: „Die anderen arbeiten in der Firma, wo sie die Kühe melken. Verstehen Sie?"

„Ist das eine Kolchose?"

„Ja, eine Kolchose oder genauer: eine Sowchose ist das. Unseren Deutschen geben sie keine gute Arbeit. Die müssen das Vieh hüten oder die Kühe melken. Keine andere Arbeit geben sie denen. Die Russen, die trinken den Schnaps so gern. Und wenn sie den Schnaps ausgetrunken haben, dann melken sie keine Kühe. Dann bleiben die Kühe stehen und werden nicht gemolken. Wenn man die Kühe aber ein oder zwei Mal nicht melkt, dann verbrennt doch die Milch. Na, und so haben sie also unsere Deutschen als Melker dahingestellt. Unsere Deutschen, die trinken keinen Schnaps."

Jetzt überkommt es den armen Molko ein wenig bitter, und er verfällt in einen anklagenden Monolog: „Ich sag dir, ich bin ein rechter Deutscher, ich will heim. Unsern Vater und unsere Mutter, die hat die Katharina ausgesiedelt. Das ist dreihundert Jahre her. Und was haben wir seitdem Gutes gesehen? Den Krieg haben wir durchgemacht, und jetzt geht es wieder drunter und drüber mit Rußland. Was ist da Gutes dran? Zu Essen haben wir nichts

46

mehr. Eine eigene Republik geben sie uns nicht. Soll'n sie uns doch Königsberg geben, hier sind doch lauter Deutsche! Aber statt dessen führen sie uns an der Nase herum. Der Herr Krawtschuk aus der Ukraine sagt: ‚Ich gebe euch zwei Kreise in der Krim dort.' Der Präsident von Kasachstan sagt: ‚Kommen Sie nach Kasachstan, ich gebe euch auch zwei.' Und dann noch der Herr Jelzin. Schon fünfzig Jahre sind 'rum, seit wir von der Wolga weg sind. Und so jagen uns die Herren wie Hasen. Einmal dahin, einmal dorthin. Wieviele Sachen haben wir? Jedes Mal müssen wir alles neu anschaffen. Wir haben kein Vieh, keinen Traktor, kein Auto, kein Nichts mehr. Damals, als sie uns ausgesiedelt haben, ist alles stehen geblieben. Das Haus, das Vieh, alles, alles. Das war im Jahr 1941. Im Jahr 1942 haben sie uns unsere Eltern fortgenommen. Den Vater und die Mutter haben sie in die Trudarmee gesteckt, und wir sind geblieben."

Ich versuche Molko ein wenig zu trösten: „Nun ist ja noch nicht das letzte Wort über Ihr Schicksal gesprochen. Die Entwicklung hier beginnt ja erst. Keiner weiß, was aus Ostpreußen wird."

Jetzt dreht Molko aber erst so richtig auf: „Ich sage euch gleich eins. Ich werde euch sagen, was die Russen hier bei uns sagen. Sie sagen, sie sind bereit, Land an uns zu verkaufen. Aber es hat keinen Sinn, das Land zu kaufen. Denn wenn sie uns hier fünfzehn oder zwanzig Hektar geben, so haben wir doch keinen Traktor, keine Pferde, keinen Pflug.

Na, mit was sollen wir das wohl bearbeiten? Kaufen können wir das schon. Aber wir können es doch nicht bearbeiten. Ihr müßt uns helfen. Da müssen Leute von euch herkommen. Da muß eine Firma her, einer, der uns kommandiert. Und wir werden arbeiten! Er wird den Traktor haben, und damit können wir es bearbeiten. Aber so hat es keinen Sinn. Wenn es so wird, daß eine Firma hierher kommt, dann fahr ich nirgends mehr hin. Dann bleib ich hier. Wenn Sie uns dies hier geben, dies Königsberg, dies alles, dann bleiben wir hier. Wenn nicht, dann werden wir sagen: ‚Schickt uns raus.' Entweder nach Deutschland oder wenn nicht, dann gehen wir nach Österreich oder in die Schweiz. Wir werden uns alle verstehen. Wenn Deutschland uns nicht will, dann fahren wir dort hin. Ich habe einen Reitwagen", lacht Molko laut und schlägt dabei auf die Tischplatte: „Da hocke ich meine Mutter drauf, und dann geht's los."

Aber Gott sei Dank glaubt Molko selber nicht daran, daß es dazu kommen wird. Zwei Seelen kämpfen in seiner Brust gegeneinander. Die eine, die zupackende und zuversichtliche, die sich an dieser ostpreußischen Erde festkrallt und um keinen Preis dieses Stück Erde wieder loslassen will; die andere, die ihn manchmal übermannt, wenn der Alltag allzu deprimierend ist und die Hindernisse sich unüberwindbar aufzutürmen scheinen.

Da es draußen langsam zu dämmern beginnt, bitte ich Herrn Molko darum, mit mir noch zum Land-

stallmeisterhaus des ehmaligen Gestütes Trakehnen zu gehen. Warm angezogen, er mit der typischen Russen-Pelzmütze auf dem Kopf, verlassen
wir das Haus. Irene, eine seiner beiden Enkeltöchter, begleitet uns. Pferde werden in Trakehnen
nicht mehr gezüchtet. Aber noch immer prangt
über dem Tor neben dem Landstallmeisterhaus die
Elchschaufel als Wahrzeichen für die Trakehner
Pferde. Das Landstallmeisterhaus liegt inmitten
eines verwahrlosten alten deutschen Parkes, durch
den das Flüßlein Rodap führt. Wir müssen deshalb
eine Brücke überqueren, unter der die Rodap mit
einem Wehr aufgestaut ist. Große Scharen von
Krähen veranstalten in den alten, hohen Bäumen
des Parkes einen unglaublichen Lärm.

Das heruntergekommene und verwahrloste
Landstallmeisterhaus dient heute neben einigen
anderen Gebäuden als Schule. Irene geht dort in
die elfte Klasse. Ich frage sie, ob es dort auch
Deutschunterricht gibt. Mühsam kramt sie einige
Brocken Deutsch zusammen, um mir zu erklären,
daß sie wöchentlich zwei Stunden Deutsch bei einem Lehrer hat, der diese Sprache selber kaum be-
herrscht. Ich bin etwas traurig darüber, daß selbst
in solch kernigen Familien, wie in der von Wilhelm
Molko, die deutsche Sprache in der Enkelgenerati-
on bereits verlorengegangen ist. Aber man macht
sich viel zu wenig klar, welch entsetzlichen Repres-
salien diese deutschen Familien seit Jahrzehnten
ausgesetzt waren.

„Im Jahre 1941, am 18. August, haben sie uns von daheim ausgesiedelt", erzählt Molko. „Und zwar nach Kasachstan. Aus dem Dorf haben sie uns nicht herausgelassen. Jeden Monat haben wir unterschreiben müssen, um zu prüfen, ob wir noch da sind. Ich hatte einen Bruder im anderen Dorf, da habe ich nicht hinfahren dürfen. Dafür brauchte ich eine Erlaubnis. Einmal bin ich doch hingefahren. Wir waren auf dem Basar. Da ist die Miliz gekommen und hat gefragt, wo sind deine Papiere. Ich habe gesagt: ,Ich habe keine Papiere, ich bin ein Deutscher.' Dann haben sie mich gepackt und haben mich eingesperrt. Ich habe fünf Tage gesessen. Am Mittag des ersten Tages haben sie mich eingesperrt, und am fünften Tage mittags haben sie mich rausgelassen. Das war in Kasachstan im ersten Jahr, als der Krieg noch war."

Wir besehen uns das Landstallmeisterhaus etwas näher. Für Molko ist das nach seinem jahrzehntelangen Aufenthalt in Kasachstan natürlich faszinierend, daß er hier überall von deutschen Gebäuden umgeben ist, die sich trotz des schlechten Zustandes immer noch erheblich von dem unterscheiden, was die Russen hier seither errichtet haben. Über den Zustand des Landstallmeisterhauses schimpft er: „Schauen Sie, was die dort machen, alles zerschlagen. Das ist doch eine Schweinerei. So etwas gibt es in Deutschland nicht. Das müssen wir alles in Ordnung bringen. Die ganzen Wände müssen neu. Wenn die Deutschen hereinkommen, dann haben die Arbeit, die müssen das alles zurechtmachen. Die Russen, die bringen so etwas nicht fertig."

Wir gehen um das Landstallmeisterhaus herum. Auf der anderen Seite steht noch der Sockel, auf dem einst der „Tempelhüter" stand. Das Schicksal dieser Trakehner-Statue kennt hier in Trakehnen jedermann, ob Deutscher oder Russe. Und alle eint die Forderung danach, daß dieses Standbild, das sich zur Zeit in Moskau befindet, wieder hierher müsse, an seinen angestammten Ort. Hinter dem Sockel, in der Mitte des Rasenplatzes befindet sich eine mehrhundertjährige Eiche. Ich kenne diese Eiche von Fotos. Im Sommer, wenn der Baum über und über grün ist, nährt der Blick durch das Laub auf das dahinterliegende Landstallmeisterhaus die Illusion, daß eigentlich alles noch so wie einst ist. Leider stellt sich beim näherem Hinsehen die Situation bedrückender dar. Nur wenige Räume des Landstallmeisterhauses werden als Klassenzimmer genutzt. Die meisten der Räume stehen leer, weil es in ihnen schimmelt oder sogar Regen durch das Dach hindurchfällt.

Molko schlägt mir vor, noch vor endgültigem Einbrechen der Dunkelheit ein kleines Museum zu besuchen, das in einem winzigen Haus inmitten des Ortes untergebracht ist. Dazu holt er den ehemaligen russischen Schuldirektor des Dorfes, der jetzt das Museum leitet, herbei. Er warnt uns jedoch eindringlich, dem Mann keinesfalls Geld zu geben:

„Die haben sich hier sowieso alles genommen, denen brauchen wir keinen Rubel mehr zusätzlich zu geben", ist seine stete Rede.

Aber persönlich hat er gegen niemanden etwas: „Nein, nein, die Leute sind doch nicht schuld, die sind doch nicht schuld. Die sind gerade so Arbeiter, wie wir auch."

Der Schuldirektor kommt mit seinem Fahrrad angeschoben. Wenn er sich Mühe gibt, kann er ein paar Brocken Deutsch hervorkramen. Auch er kommt gleich auf den „Tempelhüter" zu sprechen und äußert seine Meinung, daß das Standbild hierher zurückgehöre. Das winzige Museum ist in zwei Teile gegliedert. In der vorderen Hälfte befinden sich Andenken aus deutscher Zeit, Zeitungsausschnitte, Bilder und einige alte Schilder. Die Sachen sind an den Wänden oder in Vitrinen ausgestellt. Mit russischen Begleittexten ist dann immer der passende Bezug zum sogenannten „Faschismus" hergestellt. Solche Museen kennen wir schon aus dem polnischen und dem tschechischen Machtbereich. Auffällig sind einige neue Bilderrahmen, die noch nicht an der Wand hängen, sondern provisorisch an den Vitrinen lehnen. In den Rahmen befinden sich Postkarten und Bilder von Trakehner Pferden und von alten Ortsansichten von Trakehnen. Westdeutsche Besucher, allen voran der agile Kreisvertreter der Landsmannschaft Ostpreußen für den Kreis Ebenrode/Stallupönen, Paul Heinacher, haben diese Andenken nach Trakehnen mitgebracht.

In der zweiten Hälfte des Raumes befindet sich eine Ehrengalerie von unzähligen Sowjetmenschen, die wohl hier in Trakehnen in den vergangenen Jahrzehnten segensreich gewirkt haben sollen.

Der Museumsdirektor bittet uns, einige Zeilen in das Gästebuch des Museums zu schreiben. Wir folgen dieser Bitte gerne und erweisen in unserer Eintragung den deutschen Neusiedlern unsere Reverenz und Hochachtung.

Das Museum ist ungeheizt, und vorher haben wir am Landstallmeisterhaus eine ganze Weile lang, ins Gespräch versunken, im Nieselregen gestanden. Jetzt wird es uns empfindlich kalt, und wir nehmen gerne Molkos Einladung auf eine Tasse Tee an.

Nicht nur die großen Teppiche an den Wänden, auch die eigenwillige Art, Tee zu bereiten, haben die rußlanddeutschen Neusiedler aus dem fernen Asien mit hierhergebracht. In einem großen, beheizbaren Behälter, wird Wasser aufgekocht. Dann wird aus einer kleinen Kanne eine winzige Menge pechschwarzen Tees in die Tassen gegossen. Schließlich werden die Tassen mit dem kochenden Wasser aufgefüllt.

Frieda fährt alles auf, was die Küche hergibt. Das ist zum einen ein in Öl eingelegter Paprikasalat. Die tüchtige Familie Molko hat große Mengen dieses Paprikas in dem kleinen Garten hinter dem Haus selber gezogen und den Salat daraus hergestellt. Weiter hat Frieda eine große Menge von

Spiegeleiern gebraten. In dem wirklich winzigen Garten haben die Molkos einen Freilauf und einen Stall für Hühner abgetrennt und sind somit auch auf diesem Gebiet inzwischen Selbstversorger. Dazu gibt es Brot, das einzige, was man in ausreichender Menge im örtlichen Magazin kaufen kann. Der Paprikasalat schmeckt vorzüglich. Wir packen unsere mitgebrachten Lebensmittel aus und steuern sie dem gemeinsamen Mahl bei. Beim Essen setzt sich das Gespräch in lebhafter Form fort.

Molko betont noch einmal dringend, daß eine deutsche Firma hierher müsse, um Arbeitsplätze für die Rußlanddeutschen zu schaffen: „Wenn es hier keine Arbeit für uns gibt, dann müssen wir auch hier wieder fort."

Das zweite Problem, das ihn umtreibt, ist die Einrichtung deutschen Schulunterrichtes. Daß seine beiden Enkeltöchter Nathalia und Irene so gut wie kein Deutsch mehr sprechen, läßt ihm keine Ruhe: „Ein Lehrer, ein deutscher Lehrer muß hierher!" fordert Molko.

Das eine ist so schwierig wie das andere. Welches deutsche Unternehmen sollte wohl in diesem heruntergekommenen Dorf, in dieser fast unpassierbaren Schlammwüste investieren? Und woher aus dem satten, selbstzufriedenen Deutschland einen Lehrer nehmen, der den gleichen Pioniergeist besitzt, wie dieser 67jährige Wilhelm Molko, den man für seinen Tatendrang nur bewundern kann?

Aber es gibt einfach Dinge im Leben und vor al-

54

lem Situationen, in denen die Frage des „Wie" nur zweitrangig ist. Also mache ich Molko einen Vorschlag: Er möge für einen geeigneten Klassenraum für Nachmittagsunterricht in der Schule und für eine Lehrerwohnung sorgen, und ich würde mich um die Beschaffung eines geeigneten Lehrers kümmern. Jetzt springt Molko auf, nennt mich „mein Kamerad" und versichert hoch und heilig, daß er seinen Teil der Aufgabe bereits in den nächsten Tagen erledigen werde. Wir selber wollen für zwei Tage weiter in Richtung Königsberg fahren. Auf dem Rückweg, so vereinbaren wir, sollen wir noch einmal nach Trakehnen kommen. Molko will bis dahin mit dem Sowchos-Direktor gesprochen haben. Dann werden wir alles weitere verabreden. Ich stehe ebenfalls auf.

„Versprochen ist versprochen!" sagt Molko und drückt mir fest die Hand.

„Versprochen", sage auch ich, „die Heimat wird ihr Versprechen halten. Trakehnen bekommt einen deutschen Lehrer."

Deutsche Schicksale

Wilhelm Molko lädt uns ein, bei ihm zu schlafen. Es ist eigentlich eine halbe Zumutung, mit vier Personen bei einer solchen, beengt lebenden rußlanddeutschen Familie einzufallen. Aber die Erfahrung dieses ersten Tages sollte sich immer wieder bestätigen: Die Gastfreundschaft der Rußlanddeutschen und die Freude, mit Deutschen aus dem Vaterland zu sprechen, ist so groß, daß sich Platz buchstäblich „in der kleinsten Hütte" findet.

Die Familie von Wilhelm Molko gehört zu den Glücklichen, die über eine recht große und gut ausgestattete Behausung verfügen. Es handelt sich um ein Endhaus von zweigeschossigen Reihenhäusern. Das Haus hat im Erdgeschoß eine kleine Küche, ein großes Wohnzimmer und ein Badezimmer mit Wanne und einer Kohleheizung mit großem Warmwasserboiler. Von hier aus wird auch das Haus zentral beheizt. Im Obergeschoß finden sich noch einmal drei Zimmer, das gemeinsame Zimmer von Nathalia und Irene, das Elternschlafzimmer für Herrn Molko und seine Frau und das Schlafzimmer für Molkos geschiedene Tochter Frieda. Sogar über einen geräumigen Keller verfügt das Haus. Das Treppenhaus und die Flure sind völlig überproportioniert. Hier wie an hundert anderen Einzelheiten kann man die Plan- und Konzeptionslosigkeit eines Wirtschaftssystems beobachten, das ohne jede Rentabilitätsberechnung sozusagen freihändig gibt und nimmt und dadurch, z. B. in diesem Treppenhaus, Überfluß produziert – in der Regel jedoch, Mangel, Mangel, Mangel, soweit man blicken kann.

Unsere Unterbringung im Hause Molko ist für uns ausgesprochen komfortabel. Frieda zieht in das Zimmer ihrer Eltern mit um, wodurch Henning und ich ihr Schlafzimmer erhalten. Unsere Dolmetscherin Edith und ihr Vater, unser Fahrer, schlafen im Wohnzimmer. Für uns bedeutet die Regelung dieser Frage eine große Erleichterung. Nun können wir noch ohne Zeitverlust eine Reihe von Gesprächen in Trakehnen führen. Wir sind brennend daran interessiert, weitere deutsche Familien und ihre Schicksale kennenzulernen.

Als erster steht Vitalij Holzmann auf unserem Programm. Über Herrn Holzmann und seine Familie haben wir schon einige Informationen. In der Nähe von Lüneburg lebt das Ehepaar Laus. Herr Gerhard Laus ist einer der Wagemutigen, die trotz schwerer Kriegsverletzung und hohen Alters unbedingt am Wiederaufbau Ostpreußens mitwirken möchten. Von Herrn Laus kenne ich einige Briefe Vitalij Holzmanns, in denen er seine Ideen und Wünsche entwickelt. Ich bin gespannt, diesen Mann persönlich kennenzulernen.

Von Familie Molko bis zu Familie Holzmann sind es nur wenige Schritte. Deshalb bin ich erstaunt, daß Wilhelm Molko den Namen Holzmanns noch nicht gehört hat. So rasch vollzieht sich die Zuwanderung Rußlanddeutscher, daß selbst Männer der ersten Stunde, wie Molko, gar nicht alles mitbekommen können. Außerdem muß man einfach die gewaltigen Entfernungen zwischen den Herkunftsländern der Rußlanddeutschen berücksichtigen. Soweit Kasachstan-Leute nach Trakehnen gelangen, gibt es immer irgendwelche weitläufigen familiären Bindungen oder Bekanntschaften. Die Familie Holzmann dagegen ist aus Kirgisien nach Trakehnen gelangt. Da können zwischen den Heimatdörfern der Molkos und der Holzmanns gut und gerne einmal 1.000 km Entfernung liegen.

Für den Ortsunkundigen sollen hier einmal kurz die räumlichen Verhältnisse in Trakehnen erklärt werden. Den Mittelpunkt des Dorfes bildet das ehemalige „Hotel Elch", in dem heute die örtliche Verwaltung untergebracht ist. Direkt daneben befindet sich das Gebäude der Alten Apotheke. Die rechte Hälfte der Alten Apotheke ist fast eingestürzt und befindet sich in miserablem Zustand. Unsere Mitarbeiter vor Ort renovieren diese Ge-

58

bäudehälfte zur Zeit, um dort eine Teestube einzurichten. An diesem zentralen Punkt des Ortes, an dem fast alle Busse und Einzelreisenden anhalten, soll eine Kontaktbörse mit Zimmervermittlung eingerichtet werden. In der linken Hälfte des Hauses wohnt die Familie Holzmann. Die Neubausiedlung, in der unter anderem die Familien Molko, Badt und Schwarz, die wir noch kennenlernen werden, leben, ist ungefähr hundert Meter hinter dem „Hotel Elch" und der Alten Apotheke errichtet worden.

Daß in der Alten Apotheke überhaupt Menschen leben, erscheint auf den ersten Blick erstaunlich. Das Haus befindet sich in einem jammernswerten, ruinenähnlichen Zustand. Allerdings sind auch deutliche Spuren von Arbeit erkennbar, die hier in den letzten Wochen geleistet worden ist. Das Dach ist geflickt worden, und besonders die neuen Fensterrahmen fallen in zweierlei Hinsicht auf. Einmal weil sie neu sind und zum anderen, weil sie keine Glasscheiben enthalten, sondern mit trüber Kunstoffplane bespannt sind. Durch den Schlamm hindurch haben fleißige Hände aus Ziegeltrümmern einen Weg zur Haustür gepflastert. Vor dem Haus, ebenfalls über zwei oder drei Meter Pflasterweg erreichbar, befindet sich eine Pumpe.

Der Empfang ist wieder betont freundlich, obwohl wir bald feststellen müssen, daß die Deutschkenntnisse vorerst nicht über das „Guten Tag" hinausreichen. Seine Frau ist Ende dreißig, Holzmann selber knapp vierzig Jahre alt. Bereits in ihrer Generation ist die deutsche Sprache fast völlig verloren gegangen, aber auch hier besteht der unbändige Wunsch, daß wenigstens die Kinder wieder „richtige" Deutsche werden sollen, die ihre Muttersprache beherrschen.

Die Wohnung von Herrn Holzmann hat nur zwei Zimmer. Das erste davon ist ein Durchgangsraum, in dem gekocht und gewirtschaftet wird. Das Zimmer wird von einem herrlichen, großen alten Kachelofen bestimmt, mehr jedoch noch von Gepäckstücken, die von der einen Ecke des Raumes ausgehend bis zur Decke aufgestaut sind und ungefähr 2/3 des Raumes ausfüllen. Es handelt sich um den gesamten Hausstand der Familie Holzmann und einiger jener acht Familien, die mit ihnen zusammen aus Kirgisien hierhergekommen sind. Diese Dinge sollen erst dann eines Tages wieder ausgepackt werden, wenn die Familie Holzmann in einem eigenen Haus wohnen wird. Dieses Halbhaus hat sie von der Sowchose lediglich gepachtet.

In einem weiteren Raum stehen dicht an dicht eine große Zahl von Betten für die vielköpfige Großfamilie. Mit den Betten und einigen Schränken ist dieser Raum bis auf einen schmalen Durchgang vollkommen ausgefüllt. Nur der Platz für gleich mehrere der obligatorischen Fernsehapparate darf nicht fehlen.

Obwohl es Februar ist und die Temperaturen auch in diesen Tagen um null Grad schwanken, ist

60

es trotz der nur mit Folien verspannten Fenster in den Räumen mollig warm. Schnell hat Frau Holzmann auch Tee an uns Gäste ausgeteilt, so daß in den völlig überladenen Räumen eine angenehme Atmosphäre entsteht.

Herr Holzmann hat neun Kilometer nordwestlich von Trakehnen im Bereich des ehemaligen Gutes Amtshagen 160 Hektar landwirtschaftliche Fläche gepachtet. Es handelt sich dabei um sogenanntes „freies Land", das weder von einer Sowchose noch von einer Kolchose bewirtschaftet wird. Solches Land steht unter der Verwaltung des Kreises und kann relativ einfach von den Kreisbehörden gepachtet werden. Die Kolchosen und Sowchosen sind hier im russisch verwalteten Ostpreußen jedoch so etwas wie bei uns im Westen die Gemeinden. Nur im Bereich von Sowchosen und Kolchosen sind auch geschlossene Ortschaften und die damit verbundenen Infrastrukturen, wie Straßen, Wasser, Strom usw. vorhanden. „Freies Land" ist also zugleich Niemandsland der Zivilisation. Nicht nur, daß auf dem versteppten Land, das die Familie Holzmann hier mutig gepachtet hat, meterhohes Buschwerk steht, es soll sich außerdem im Sommer, als wir bei der Urbarmachung des Geländes helfen, erweisen, wie mühsam es ist, jeden Liter Wasser, der hier zum Bewässern benötigt wird, mit einem Tankwagen heranzufahren.

Die Familie Holzmann hat sich allerhand vorgenommen. Insgesamt sind neun Familien an ihrem geplanten landwirtschaftlichen Projekt beteiligt. Träger ist eine Gesellschaft mit dem Namen „Timberg", die Herr Holzmann zusammen mit vier weiteren Familien gegründet hat. Sie haben das Gelände zwar gemeinschaftlich gepachtet, wollen es aber langfristig aufgeteilt und getrennt, jeder eigenverantwortlich für sich selber, bewirtschaften. Dies scheint uns eine vernünftige Konzeption zu sein. Insgesamt spukt in den Köpfen der Rußlanddeutschen immer noch die sozialistische landwirtschaftliche Wirtschaftsweise herum. Eigentlich können sie sich Landwirtschaft nur in Einheiten ab mindestens 1.000 Hektar und mit hunderten von Kühen vorstellen.

Dieser agrarindustriellen Vorstellungswelt entspricht allerdings auch die bäuerliche Vorbildung der Familien. Eigentlich hat hier niemand landwirtschaftliche Erfahrung, Vitalij Holzmann selber trägt die hierzulande wohl unbekannte Berufsbezeichnung „Zoo-Ingenieur". Aber Herr Holzmann und sein Bruder, der bald zu unserem Gespräch hinzustößt, sind agile Tatmenschen, die uns ausgezeichnet gefallen und denen wir zutrauen, die schwierige Situation zu meistern. Jedenfalls versichern wir ihnen, daß wir auf jeden Fall mit Saatgut und landwirtschaftlichen Maschinen helfen werden. Damals reift auch bei uns im Gespräch erstmals der Gedanke, den Rußlanddeutschen beim Bau neuer Häuser zu helfen und dabei zugleich Einfluß auf die äußere Gestaltung dieser Häuser zu nehmen. Auffällig ist nämlich, daß diese Familien recht eigenwillige architektonische Vorstellungen nach Ostpreußen mitbringen, die natürlich aus asiatischer Tradition und Ästhetik gespeist werden. Nicht genug, daß dieses Land von seinen Menschen und der ihm vertrauten Sprache entblößt ist, hat auch noch der Krieg seine grausamen Narben in die Bausubstanz geschlagen und hat der Marxismus-Leninismus dem Land seine Betonhäuser aufgezwängt. Nun fehlt also dieser uralten deutschen Kulturlandschaft nur noch eine asiatische Individualbauweise, um ihr endgültig das Gesicht zu rauben. Aber zwischen den theoretischen Planungen von Herrn Holzmann und seinem fertig errichteten Haus wird eine lange Zeit stehen, in der man diese Fragen des kulturhistorischen Zusammenhanges immer wieder zur Sprache bringen kann.

Im Februar 1992 ist die Welt für Herrn Holzmann noch einfach. Die beteiligten Familien wollen nun in Kirgisien ihre Häuser verkaufen und das Geld auf einem gemeinsamen Konto sammeln. Von diesem Geld soll dann am Ortsrand von Ebenrode ein neuer Stadtteil gebaut werden. Inzwischen hat die Entwicklung die damaligen Ideen von Herrn Holzmann grausam überholt. Durch die Massenabwanderung von Deutschen werden in Kirgisien viel mehr Häuser frei, als es Käufer dafür gäbe. Diese Entwicklung hat innerhalb weniger Monate die einst in Kirgisien wohlhabenden Familien hier in Ostpreußen nahezu an den Bettelstab gebracht.

Der aus dem Verkauf ihrer Häuser erwartete Geldsegen aus Kirgisien ist ausgeblieben. Weitere Ersparnisse hatten die Familien nicht. Und ein Zurück nach Kirgisien ist für alle Beteiligten ausgeschlossen. Wir helfen seitdem diesen Familien so gut wir können, aber es ist mit der Würde eines Vitalij Holzmann schwer zu vereinbaren, von uns Geschenke anzunehmen. Wenn diesen Mann nicht die Verantwortung seiner vielköpfigen Sippe drückte, dann würde er wohl ohne jede fremde Hilfe seine „neue Erde" bei Amtshagen lieber wie einst Isaak in Knut Hamsuns „Segen der Erde" mit den bloßen Händen urbar machen, als fremde Hilfe in Anspruch zu nehmen. Diese Erfahrung sollten auch alle Ostpreußen-Reisenden stets beherzigen: Die Unterstützung unserer rußlanddeutschen Landsleute sollte niemals auf „neureiche" Art erfolgen und immer deren Würde berücksichtigen. Es liegt in unserer Hand, ob hier in Nord-Ostpreußen ein Stück „besseres Deutschland" entsteht oder ob die tragischen Fehler aus der Vereinigung West- und Mitteldeutschlands wiederholt werden, die heute unser Volk trotz Wegfalls von Mauer und Stacheldraht weiterhin – seelisch – teilen.

Wie überall interessiert uns auch hier die Frage brennend, wieviele Deutsche denn aus Kirgisien noch hierherkommen würden, wenn die Voraussetzung für Arbeit und Wohnen gegeben wäre. Über diese Frage müssen Herr Holzmann und sein Bruder laut lachen. Die Zahl sei nicht so einfach zu umreißen, antworten sie, es würde sich wohl um Tausende, Zehntausende oder wahrscheinlich noch mehr handeln. Ostpreußen, das betont Herr Holzmann, hat eine riesengroße Attraktivität für die Rußlanddeutschen aus Kirgisien. Es müsse eben nur gewährleistet sein, daß man hier auch dauerhaft existieren könne, dann seien dem Zuzug keinerlei Grenzen gesetzt.

Das lange Gespräch mit Holzmann tut, obwohl es mühsam Wort für Wort gedolmetscht werden muß, gut, denn hier haben wir in Vitalij Holzmann und seinem Bruder Männer kennengelernt, die die typischen deutschen Tugenden wie Ordnung, Selbstdisziplin und Aufbauwille verkörpern und daher ganz gewiß ihren Weg machen werden. Es ist ein beruhigender Gedanke, daß 70 Jahre Marxismus-Leninismus diese Tugenden nicht zerstören konnten, die im Volkstum dieser Menschen schlummerten und hier die sehnlich erwartete Gelegenheit ihrer Bewährung erfahren.

Jedes unserer Gespräche schärft unser Bewußtsein und unsere Wahrnehmung, hilft uns die vielfältigen Eindrücke zu ordnen, die hier innerhalb weniger Stunden auf uns einströmen. Als wir das Haus bei bereits vollkommener Dunkelheit verlassen, liegt der Geruch von verbrannter Kohle und verbranntem Holz in der Luft. Für Edith und ihren Vater nichts Besonderes oder Auffälliges, für Henning ungewohnt und für mich, 1954 in Hannover in einer Siedlung der Neuen Heimat als Flüchtlingskind geboren, eine ferne Erinnerung. Damals beheizten auch wir die Wohnräume mit eisernen Einzelöfen. Und heute, 38 Jahre später, der gleiche Geruch hier im fernen Ostpreußen, das meine Familie 1945 unter dem gewaltsamen Terror der Roten Armee verlassen mußte.

Augenfällig auch der Kontrast zwischen dem alten und dem „neuen" Ostpreußen. Hier die Alte Apotheke, in deren linkem Teil die Familie Holzmann heute wohnt: Ein geräumiges, rot geklinkertes Haus, zweiflügelig, mit einem großen Mittelgiebel. Ein Haus, dem man trotz seines heruntergekommenen Zustandes noch die Kultur ansieht. Dann der schmerzliche Übergang zur russisch-marxistischen Bauweise – in seiner ersten Stufe an der Apotheke selber sichtbar. Da ist der rechte, weiter verfallene Teil des Hauses noch mit schönen roten Dachpfannen gedeckt, die jedoch teilweise bereits im Begriff sind herabzufallen. Der linke, bewohnbare Teil des Hauses wurde mangels anderer Baustoffe von Familie Holzmann mit Wellblech gedeckt.

Diese Art zu bauen setzt sich dann in der russischen Neubausiedlung konsequent fort. Unverputzte, aus weißem Kalksandstein gemauerte Häuser mit ganz leicht angeschrägten Wellblechdächern; einige Balkone an den Häusern wirken bereits wenige Jahre nach dem Bau absturzgefährdet. Eine Lehrstunde über die Würde des Menschen in politischen Systemen: Sage mir, was für Häuser der Staat für seine Bürger baut, und ich sage dir, was die Bürger ihrer Regierung und ihrem System wert sind ...

Wir kehren kurz ins Haus Molko zurück. Frieda will uns zu weiteren rußlanddeutschen Nachbarn führen. Wir beginnen einen Häuserblock weiter bei der Familie Robert und Nelli Badt. Das Haus gehört zum gleichen Reihenhaustyp wie das der Familie Molko. Die Häuser der Rußlanddeutschen stechen vor denen ihrer russischen Nachbarn deutlich hervor. Während bei den Russen Gummireifen, leere Flaschen, Schutt und vieles mehr sich türmen, fängt der Kontrast bei den Rußlanddeutschen in der Regel bereits mit dem neuerrichteten Zaun an. Dahinter sind teilweise bereits kleine Garagen oder Gartenhäuser errichtet. Überall stehen auch aus Kasachstan mitgebrachte Motorräder und Fahrräder.

Bei der Familie Badt führt Frau Badt das Wort. Sie ist eine kräftige Mitsechzigerin mit resolutem Auftreten. Ihr Mann sieht aus wie ein friesischer Bauer: Hellblonde Haare umrahmen die entstehende Vollglatze, hellblaue Augen schauen einen aus einem bäuerlich pfiffigen Gesicht an. Wirklich beeindruckend ist die Mutter der Frau, ebenfalls ein ganz heller, blauäugiger Typ, eine ausgesprochen schöne, charaktervolle alte Frau.

Das Ehepaar Badt ist gerade erst aus dem Stall gekommen, obwohl es bereits nach 21 Uhr ist.

Frau Badt: „Ja, wir sind gerade aus dem Kuhstall gekommen und haben gemolken."

„Haben Sie da eigene Kühe stehen?"

Frau Badt: „Ja."

„Wieviele Kühe haben Sie?"

Frau Badt: „Wir haben nur eine Kuh und ein Rind."

„Und die Kuh wird regelmäßig gemolken?"

Frau Badt: „Ja."

Ich erkundige mich, ob es sich um einen Gemeinschaftsstall handelt?

„Nein, jeder ist für sich. Jeder hat seinen eigenen Stall."

„Und die Milch verwenden Sie selber im Haushalt?"

„So viel wir brauchen, die behalten wir zurück, und was übrig ist, geben wir ab. Ist nichts übrig, geben wir nichts ab."

„Was meinen Sie mit ‚abgeben', wird es an Nachbarn verkauft?"

„Nein, das wird an den Kreis in Ebenrode gegeben. Da draußen auf der Straße steht alles voll mit Eimern, und das geht dann ab. Es wird mit dem Auto weggefahren. In die Molkerei, wo alles angenommen wird. Dort machen sie Butter und Käse daraus."

Ich erkundige mich nach den Einkaufsmöglichkeiten hier in Trakehnen.

Frau Badt bleibt die Wortführerin des Gespräches: „Zu kaufen ist fast nichts, aber ein Geschäft gibt es. Ein Geschäft ist da, aber das Geschäft ist leer."

„Wie versorgen Sie sich, wo kaufen Sie ein?"

„Wir haben noch viele Vorräte aus Kasachstan. Wir sind hier überhaupt noch nicht fortgefahren zum Einkaufen. Wenn erst einmal alle Vorräte alle sind, dann muß man fragen, wo man einkaufen kann. Zur Zeit gibt es für eine Seele ein halbes Kilo Mehl, ein halbes Kilo Grütze, ein halbes Kilo Nudeln, ein Kilo Zucker und 300 Gramm Butter. Das geben sie allen."

„Wie funktioniert diese Zuteilung?"

„Die Leute sind alle aufgeschrieben, und auf das Aufgeschriebene gucken sie und geben."

„Sie sprachen eben von Kasachstan. Wann sind Sie denn von dort hierher gekommen?"

„Vor einem Jahr."

„Warum sind Sie gerade hierher gekommen? Haben Sie gewußt, daß dieses Gebiet eine alte deutsche Provinz ist?"

„Nein. Damals gar nicht. Nein. Nein."

„Aber inzwischen haben Sie darüber erfahren?"

„Inzwischen haben wir davon gehört. Die Leute haben gesagt, daß früher hier Deutsche waren. Ob das nun wieder unter Deutsche kommt, das wissen wir nicht."

„Wieviele Familien, schätzen Sie, sind hier in Trakehnen?"

„40 Familien."

„Und gibt es im Umland noch mehr deutsche Familien oder nur hier in Trakehnen?"

„Nein", sagt Frau Badt, und ihr Mann, der sich

bis jetzt gemütlich in das Sofa zurückgedrückt hatte, lehnt sich vor und bestätigt sie eifrig, „es sind noch viele, viele weitere."

„Nun sprechen Sie ja noch sehr gut Deutsch. Wie sieht das denn bei Ihren Kindern und Enkelkindern aus?"

„Die Kinder sprechen Deutsch. Die Enkel nicht. Leider gar nicht."

„Bekommen die denn in der russischen Schule in Trakehnen gar keinen Deutschunterricht?"

„Nein."

„Würden Sie das denn gut finden, wenn es an der Schule Deutschunterricht geben würde?"

Nun kommt Frau Badt richtig in Fahrt: „Nu ja, ich sage Ihnen, wenn's eine deutsche Schule tät gebe, ich würde selber noch gehen, Deutsch zu lernen."

„Ja, und Ihre Enkel, würden Sie die auch zu einer deutschen Schule schicken, auch wenn die dann zum Beispiel nachmittags zusätzlich zum normalen Unterricht stattfinden würde?"

Frau Badt ist immer noch in Fahrt: „Ja, ja, ich tät selber noch gehen, etwas lernen."

„Und die Enkel, würden die denn selber auch gehen wollen?"

„Die gehen, ja die gehen."

Jetzt wende ich mich an die alte Mutter von Frau Badt: „Sie haben ja die Zeit noch erlebt, wo alle in den Familien noch Deutsch sprachen?"

„Ja", sagt die alte Frau, „da war alles deutsch in

der Wolga-Republik, da war gar nichts russisch, da war alles deutsch. Kirchen gab es damals schon wenig. Die sind durch die Sowjetunion vernichtet worden. Wie lange wir nun hier wohnen dürfen, Gott weiß, das wissen wir nicht. Wer hätte gedacht, nach 50 Jahren in Kasachstan, daß sie uns jetzt austreiben. Niemand hätte das gedacht."

Ich bin überrascht: „Also, Sie fühlen sich aus Kasachstan regelrecht ausgetrieben?"

Nun übernimmt Frau Badt wieder das Gespräch: „Ausgetrieben, ja ausgetrieben! Dort hatten wir sechs Kinder und zwölf oder dreizehn Enkelkinder. Die Schule haben sie einfach zugemacht. Und dann sind unsere Kinder hierhergefahren. Aber was sollten wir drei Alten dort allein, wenn die Kinder alle hier sind. Fünf Kinder haben wir jetzt hier, und die Kinder haben hier zusammen zwölf Enkel. Die müssen doch alle in die Schule, und in Kasachstan hatten sie uns die Schule zugemacht."

„Also, Ihre Kinder sind zuerst hier nach Ostpreußen gegangen. Und hier hat es ihnen gefallen?"

„Ach, nicht so arg gefallen. Aber hier waren leere Häuser. Die Wohnungen waren leer, wenn sie auch sehr dreckig waren."

„Und hier gab es Arbeit für Sie?"

„Wir arbeiten nicht mehr, wir sind auf Rente. Aber Arbeit für die Männer war noch. Zum Arbeiten brauchen sie uns überall. Zum Arbeiten sind sie überall gut, die Deutschen, also brauchen sie uns hier auch."

„Und wie sind Sie hier angenommen worden? Haben Sie Schwierigkeiten gehabt?"

„Ja, viel, viel."

„Hat man Ihnen etwas getan, oder sind Sie nur beschimpft worden?"

„Nur beschimpft", sagt Frau Badt traurig, „sonst hat man uns nichts getan. Es war schwer, die erste Zeit, arg schwer. Jetzt sind wir schon ein Jahr lang hier. Jetzt haben wir unsere eigenen Kartoffeln, haben wir unsere eigene Kuh, haben wir unsere eigenen Hühner, jetzt geht es leichter."

Und da meldet sich auch Herr Badt noch einmal zu Wort: „Und ein Schwein."

Eigentlich ist es schon regelrecht unhöflich, um diese Zeit noch eine weitere Familie aufzusuchen. Aber unsere Zeit ist knapp, und wir wollen versuchen, uns in den wenigen zur Verfügung stehenden Tagen einen guten Überblick über die wirkliche Situation in Nord-Ostpreußen zu verschaffen. Also begleitet Frieda uns noch zur Familie Johann und Olga Schwarz, die ebenfalls in der Reihenhaussiedlung hinter dem „Hotel Elch" wohnt. Wir werden von den alten Leuten außerordentlich freundlich empfangen und ins Wohnzimmer gebeten. Hier, wie auch in den anderen Häusern, prägt der große Teppich an der Wand das Bild des Zimmers.

Neben den Senioren nimmt zunächst noch die Schwiegertochter Valentina mit zwei ihrer vier Jungen platz. Im Verlaufe des Gesprächs treffen noch ihr Mann Johannes und zwei weitere Buben ein.

Frau Olga Schwarz ist die Wortführerin der Familie. Sie spricht außerordentlich engagiert und scheint eine mächtige Portion Humor und guter Laune zu besitzen. Ihr Mann sitzt meist schweigend daneben und nickt mit dem Kopf. Nur selten einmal läßt er ein Wort in das Gespräch einfließen.

Zunächst erzählt Frau Schwarz eine typisch rußlanddeutsche Lebensgeschichte: „Meine Familie heißt Wolf, und seine Familie", dabei zeigt sie auf ihren Mann, „heißt Schwarz."

„Ich bin vom Kaukasus", wirft der Mann ein.

„Und ich bin aus Kasachstan", sagt die Frau. „Meine Eltern sind nach Kasachstan vor arg, arg langer Zeit schon gekommen. Dort haben sie geheiratet, und im Jahre 1924 wurde ich geboren. Das war in Kasachstan."

„Und dann sind Sie wieder an die Wolga gezogen?"

„Ich kann mich noch daran erinnern, wie wir gezogen sind mit Pferden. Die ganze Strecke von Kasachstan bis zur Wolga sind wir mit unseren Pferden gezogen. Und als wir dort angekommen waren, hatte auch da schon die Kolchoswirtschaft angefangen. Viele unserer Bekannten und Verwandten sind dann nach Deutschland oder nach Amerika gezogen. Genau kann ich das jetzt nicht mehr sagen, weil ich selber noch jung war. Aber sie sind damals hinausgezogen. Nun und wir, wir sind zurückgegangen nach Kasachstan. Dabei sind wir auch nach Usbekistan gekommen. Da wüteten gerade schreckliche, schreckliche Krankheiten. Da haben sie alle ihre Augen verloren. Die Malaria war schrecklich in diesen Jahren. Das war 1932/33. Auch wir wurden arg krank, und die Mama hatte Typhus gekriegt. Aber unser Vater, der war schön stark. Er war Brigadier und hat gearbeitet. Wegen der Gesundheit unserer Mutter mußten wir wieder fort von dort. Auch ein Kind mußten wir dort begraben. Und dann sind wir weiter nach Kasachstan gezogen. Wo sollten wir hin? Überall waren inzwischen die Kolchosen. Und dann sind wir eben nach Kasachstan gegangen. Dort sind wir bis 1937 geblieben.

Im Herbst 1937 haben sie meinen Vater festgenommen. Er war Schulmeister, und er war arg gelehrig. Er hat alles bereits vorausgesagt, was mit dem Krieg werden würde. Er hat uns alles erklärt, und wir wußten schon vorher, daß es passieren würde. So gescheit war er. Aber sie haben ihn gefressen. In drei Tagen haben sie ihn fertiggemacht. Die Mama hat geweint.

1965 sind wir hochgezogen nach Dschambul. Meine Kinder waren 1965 noch klein. Dort haben wir seitdem gewohnt, aber dort ist ja auch nicht mehr zu leben. Zuerst waren da nur unser Dorf und zwölf Kamele. Aber dann haben sie ein Phosphorwerk gebaut, und da konnte man es nicht mehr aushalten. Wir sind immer krank geworden. Vor allem die Kinder sind krank geworden. Die kleinen Kin-

74

der am schlimmsten. Und dann ist einer meiner Söhne hierher gezogen."

„Wie ist er darauf gekommen, hierher zu gehen?"

„Da waren Bekannte von ihm schon hergezogen, und da ist er zu denen hingefahren, um zu schauen, wie es so geht. Wir kannten das Land gar nicht. Gehört hatten wir ja, daß das Prussia ist. Die Schwiegertochter ist auch eine Pruske. Die stammt von diesem Land hier. Ja, ihre Vorfahren, ihr Großvater, Urvater, die sind von hier. Wir haben so lange auf die Kinder aufgepaßt, als sie hierher nach Ostpreußen gefahren sind. Dann kamen sie zurück und haben gesagt, ja, wir ziehen dort hin, dort ist das Klima besser."

„Haben Sie gewußt, daß dies deutsches Gebiet ist und daß hier die Russen 1945 nur durch den Krieg hergekommen sind? Haben Sie gehofft, daß Sie hier ein Heimatrecht haben?"

Der Vater meldet sich wieder zu Wort: „Gehofft hat sie das, die Alte, daß das passieren kann."

Darauf Frau Schwarz, ein wenig heftig: „Wie könnt' ich mir die Hoffnung geben, daß ich hier hätte leben können für immer oder nicht. So wie es wird, so muß ich es annehmen. Erst mal versuchen und auf sich zukommen lassen."

Wir kommen wieder auf die mangelnden Deutschkenntnisse der Kinder zu sprechen: „Und jetzt sind Sie hier, und die Enkelkinder sprechen nun aber gar kein Deutsch mehr?"

Traurig und vorwurfsvoll zugleich schüttelt

Frau Schwarz ihren Kopf und ruft dazu laut: „Kar, Kar", was wohl so viel wie „überhaupt kein" heißen soll.

„Und wie sieht es hier in der Schule aus? Haben Ihre Kinder Deutschunterricht?" wende ich mich an die Schwiegertochter Valentina.

„Eine Stunde, von der fünften Klasse an. Nur von der fünften Klasse an wird Unterricht in Deutsch gegeben", antwortet Valentina.

Ich wende mich wieder an die alte Frau Schwarz: „Sie haben jetzt hier einen Sohn, haben Sie denn noch mehr Kinder?"

„Ja, ich habe noch mehr. Zwei sind noch in Kasachstan."

„Und dieser hier ist der einzige, der mitgekommen ist. Wollen die anderen auch hierher kommen?"

„Nein, sie waren da, haben es sich angesehen und wollen nicht herkommen."

„Und wenn dies hier ein autonomes deutsches Gebiet wird?"

„Ja, dann überlegen sie sich das. Mit einem der beiden haben wir jetzt gerade telefoniert. Er will nach Deutschland übersiedeln. Er füllt die Papiere aus. Na ja, was werden wird, das weiß man nicht."

Ich möchte gerne einen besseren Überblick darüber bekommen, wieviele Deutsche sich denn nun wirklich inzwischen in Nord-Ostpreußen aufhalten. Daher wiederhole ich meine Fragen bei den verschiedenen Familien, um vielleicht an neue Informationen heranzukommen: „Sie sind ja hier nun nicht die einzige deutsche Familie in Trakehnen. Wieviele deutsche Familien, glauben Sie, gibt es hier?"

„Na, vierzig werden es schon sein."

„Und gibt es hier nur im Dorf Trakehnen selber deutsche Familien oder auch in Nachbarorten?"

„Oh, es gibt viele, viele. Ich kann es nicht genau sagen, aber gehört habe ich, daß es schon 5.000 Deutsche sein sollen."

„Hier in der Umgebung?"

„Ja, in den ganzen Dörfern rund um Trakehnen."

„Möchten Sie denn, daß Ihre Kinder und Enkelkinder, daß Ihre ganze Familie wieder als Deutsche unter Deutschen leben?"

Auf diese Frage scheint Frau Schwarz gewartet zu haben. Aus tiefem Herzen ruft sie: „Ja, das wollen wir gerade. Was anderes wollen wir gar nicht!"

„Dazu müssen die Kinder aber ihre Muttersprache beherrschen!"

„Richtig, die wissen ja gar nicht, daß sie Deutsche sind, und sie werden doch als Deutsche gejagt."

Jetzt hat Frau Schwarz ein dringendes Anliegen: „Ich habe einen Brief aus Deutschland bekommen, und es ist sehr schlecht, daß ich ihn nicht lesen kann."

Darüber wundere ich mich: „Sie können ja sehr gut Deutsch sprechen, und Sie haben doch auch zu Hause in Kasachstan Deutsch gesprochen?"

„Ja", wendet Frau Schwarz ein, „aber wir haben keinen deutschen Schulunterricht gehabt."

„Und deshalb können Sie nicht lesen und schreiben auf deutsch?"

„Ja, das stimmt, wir können nicht lesen und nicht schreiben. Da war keine deutsche Schule, nur eine russische."

„Und jetzt haben Sie also einen Brief aus Rüsselsheim bekommen. Soll ich Ihnen den mal vorlesen?"

„Ja."

„Also der Brief lautet: ‚Sehr geehrter Herr Schwarz, ich habe heute von Herrn Paul Heinacher Ihre Adresse erhalten. Da meine Mutter in Trakehnen geboren wurde und ich hörte, daß dort heute wieder deutsche Landsleute wohnen, schreibe ich Ihnen. Meine Familie würde gerne für eine dort wohnende deutsche Familie eine Patenschaft übernehmen. Wir haben an eine Familie mit einem oder zwei Kindern gedacht. Ich würde mich freuen, wenn wir von Ihnen den Namen und die Anschrift einer solchen Familie erhalten könnten. Bitte teilen Sie uns auch eventuell mit, was wir in ein Paket nach Trakehnen packen dürfen und was dringend gebraucht wird. Für Ihre schnellstmögliche Antwort wären wir dankbar. Mit freundlichen Grüßen, Familie Gerd Bergner aus Rüsselsheim.'"

Ich freue mich herzlich über diese Initiative der Kreisgemeinschaft Ebenrode unter ihrem Kreisvertreter Paul Heinacher. Aber wie man hier sieht, muß jeder, der in Nord-Ostpreußen helfen will, auch Lehrgeld zahlen. Familie Bergner wird sich wohl gefragt haben, warum sie auf ihr großherziges Angebot keine Antwort erhalten hat. Darauf, daß ihre deutsche Patenfamilie den Brief nicht würde lesen können, darauf wäre man in Rüsselsheim sicherlich nicht im Traum gekommen. Ich gebe die Frage der Familie Bergner jetzt weiter: „Ja, wenn die Familie Bergner Ihnen jetzt schreibt, was würden Sie sich denn für ein Paket wünschen?"

Da nimmt mir Frau Schwarz in ihrer entwaffnenden Herzlichkeit erst einmal den Wind aus den Segeln, um vorwegzuschicken: „Ich danke Euch, daß Ihr mir den Brief vorgelesen habt."

Ein wenig verlegen antworte ich: „Ja, das habe ich gerne gemacht. Und ich danke der Familie Bergner, daß sie Ihnen geschrieben hat."

Frau Schwarz wiederholt noch einmal: „Wir können Deutsch nicht schreiben und nicht lesen. Ja, man kann's schon ein bißchen lesen so, aber alles kann man nicht verstehen."

„Das heißt also, hier wird nicht nur jemand gebraucht, der den Kindern im Ort Deutsch beibringen kann. Hier würde auch jemand fehlen aus Deutschland, der hierherkommt und hilft, die Briefe, die ihr bekommt, zu lesen und die Antworten zu schreiben."

Über diese Vorstellung freut Frau Schwarz sich heftig: „Ja, ja, das wäre herrlich!"

Ich versuche es noch einmal: „Nun schreibt ja die

Familie Bergner, daß sie gerne ein Paket packen würde für Trakehnen. Was würden Sie sich denn nun wünschen, was in solch einem Paket drin sein sollte?"

„Grad, was sie wollen."

Ich versuche zu vermitteln: „Aber das ist ja gerade immer so schwer. In Deutschland gibt es alles zu kaufen. Den meisten Menschen geht es, Gott sei dank, gut."

Das läßt Frau Schwarz nicht gelten: „Wir kennen doch eure Taschen nicht, wir wissen doch nicht, was da drin ist."

„Sie meinen, was sich die Menschen bei uns leisten können? Na ja, was sie dann wirklich einpacken, das muß man noch sehen. Wenn Sie sich lauter Gold und Silber wünschen", scherze ich, „dann kriegen Sie vielleicht nur Blech."

Frau Schwarz bleibt von stoischer Unbekümmertheit: „Gold brauchen wir keins."

Ich muß sagen, daß mir diese Frau immer besser gefällt. Sicherlich hat sie Wünsche, und auf einen ganz bescheidenen davon wird sie gleich auch noch zu sprechen kommen. Aber jetzt diesen freundlichen deutschen Menschen aus Rüsselsheim eine Wunschliste vorzulegen, das will ihr gar nicht gefallen.

„Sachen für die Kinder an die Füße, Schuhe zum Anziehen", hebt sie nun zögernd an, „das ist doch so schrecklich teuer. Das kann man doch gar nicht kaufen in unserer Großfamilie. Wir tragen immer noch das, was wir noch hatten. Was sollen wir sonst manchen."

„Sie meinen das, was Sie aus Kasachstan mitgebracht haben?"

„Ja, das, was wir mitgebracht haben, das tragen wir immer noch."

„Haben Sie denn eine Möglichkeit etwas einzukaufen im Ort? Zum Beispiel Lebensmittel?"

„Ja, zu essen haben wir Gott sei Dank. Sie geben oft Bezugsscheine aus, für Mehl, Zucker, Butter. Aber kein Tee und keinen Kaffee gibt es. Damit ist es schwer, ganz schwer. Ich tät gerne mal deutschen Kaffee trinken", kommt ihr nun endlich ein persönlicher Wunsch über die Lippen, und sie muß herzlich und ausdauernd dazu lachen.

Diesen Wunsch können wir nun Frau Schwarz erfreulicherweise gleich erfüllen, da wir einige Päckchen Kaffee im Auto mit uns führen.

Wir kommen nun noch einmal auf den Deutschunterricht zu sprechen: „Sie würden sich also darüber freuen, einen deutschen Lehrer hier im Ort zu haben?"

„Ja, wir sind arg sehr dankbar, wenn das passieren tut."

Mich interessiert das natürlich auch immer aus der Sicht der betroffenen Kinder: „Würden denn Ihre Enkelkinder selber auch von sich aus zum Beispiel zusätzlich zur normalen Schule am Nachmittag oder am Abend in eine private Schule gehen und dort noch Deutsch lernen?"

„Tja, warum nicht", und dabei wendet Frau Schwarz sich ihren Enkelsöhnen zu, „oder habt ihr da keine Lust dazu?"

Auf die ratlosen Gesichter hin übersetzt sie die Frage ins Russische. Dann übersetzt sie die Antworten der Kinder zurück: „Die Kinder sagen, ‚ja gewiß, wenn's die gibt, werden wir gehen.'"

„Sie sagten vorhin, daß die Kinder niemals zu Russen oder zu Kasachen werden, weil sie Deutsche seien. Läßt man sie das auch spüren, daß sie Deutsche sind? Was sagen die Russen zu den Kindern?"

Frau Schwarz lacht etwas verächtlich: „Die Russen sagen, sie wären ‚Nemez'."

„Ist das als Schimpfwort gemeint?"

„Ja. Als wir hierher gekommen sind, da haben sie sich geschlagen in der Schule. Auf unsere Kinder sind die Russen draufgegangen. Aber der", und damit zeigt sie auf einen ihrer Enkel, „hat's einem gut gegeben. Der hatte zu ihm gesagt: ‚Faschisten', und da hat er ihm gut einen gegeben, einen Fausthieb. Da hat er gesagt: ‚Das braucht ihr mir nicht zu sagen, Faschist, Faschist, und da habe ich's ihm gegeben.'"

„Aber inzwischen gibt es viele deutsche Kinder hier?"

„Ja", darüber kann Frau Schwarz sich wieder köstlich amüsieren, „jetzt haben sie Angst vor unseren deutschen Kindern. Die tun sie nicht mehr angreifen."

„Wieviele deutsche Kinder, denken Sie, sind hier?"

Es entspinnt sich eine rege Diskussion innerhalb der Familie in russischer Sprache. Dann antwortet die Schwiegertochter auf deutsch: „Mehr als hundert deutsche Kinder."

Ich bin erstaunt: „Wie, hier, nur auf der einen einzigen Schule?"

„Ja", ergänzt Valentina, „nur auf der einen Schule in Trakehnen. Im Kinderhaus sind auch noch zusätzlich kleine Kinder. Sogar selbst die allerkleinsten. Aber unseren lassen wir da nicht hin. Der bleibt daheim."

„Nun interessiert mich noch, auf welche Weise Ihre Familien hierher nach Trakehnen gelangt sind und ob Ihnen wohl noch weitere folgen werden."

„Wir Alten sind mit dem Zug und meine Kinder mit dem Waggon gekommen", erläutert Frau Schwarz. „Vier Familien haben sich zusammengeschlossen, haben zusammen einen Eisenbahnwaggon genommen, haben alles reingepackt und sind hierher. Die Kinder und die Weiber sind mit dem Zug gefahren, und die Männer, es waren vier Männer, die sind mitgefahren. Elf Tage waren sie unterwegs mit einem Eisenbahnwaggon, bis hierher. Da haben sie ihn abgestellt, und dann haben wir unsere Sachen herübergefahren mit Maschinen (Autos). Unsere Kolchose hat Maschinen gegeben, und dann haben wir alles heraufgefahren."

„Haben Sie denn auch ein bißchen Landwirtschaft?

„Ja, hier für Kartoffeln hat die Kolchose uns ein Stückchen gegeben."

„Aber eine Kuh haben Sie nicht?"

„Ja, eine Kuh haben wir, und ein Schwein haben wir auch. Wir haben uns auch Hühner gekauft." Da muß Frau Schwarz wieder lachen: „Ja, wir sind doch deutsche Leute. Nein, ohne Vieh können wir nicht. Wir müssen schaffen, wir müssen schaffen, daß wir was zum Essen haben. Alle Deutschen hier haben einen kleinen Stall und machen dort ihre Sachen. Wir haben unsere Eier. Für sehr kleine Hühner haben wir 425 Rubel gegeben."

„Wovon machen Sie das?"

„Wir sind ja Pensionäre. Aber unser Sohn, der schafft als Ingenieur, da wo das Wasser herkommt."

„Was verdient man denn hier so im Monat als Ingenieur?"

„Diesen Monat hat man ihm 700 Rubel gegeben, aber davor hat er nur 200 gekriegt oder 300."

„Wollen denn noch viele Deutsche aus Kasachstan hierherkommen?"

„Ja, ja, das wollen noch viele. Hier kommen noch viele Familien her."

„Haben Sie denn immer noch Kontakt dorthin?"

„Ja, ich habe meine Mutter dort. Sie ist 86 Jahre alt."

„Und die wissen dort in Kasachstan auch, daß Sie hier schon eine große Gemeinde sind, und da kommen auch noch mehr hierher?"

„Sie kommen alle her, wenn das so werden wird ..."

„Glauben Sie, daß es in diesem Gebiet ... es wäre ja Platz für alle Rußlanddeutschen?"

„Ja, ich denke, das wäre so."

„Bei uns sagt man, daß es zwei Millionen Rußlanddeutsche gibt, die gerne wieder in einem Gebiet zusammenleben würden?"

„Na gucket einmal", erklärt Frau Schwarz, „dort ist meine Mutter, dort sind meine Geschwister, dort ist mein Bruder, und da sind noch zwei weitere leibliche Geschwister. Na, gewiß würden sie lieber alle zusammenleben, statt die einen hier und die anderen dort."

„Und meinen Sie, die werden auch noch hierherkommen?"

„Ja, gewiß kommen sie hierher. Dort in Kasachstan, da ist es doch so schlecht mit der Luft. Sie wissen doch selber, daß es der arge Phosphor ist. Es sind drei Werke, die machen die Leute doch kaputt dort. Wenn das hier Leidlichkeit wird, dann kommen sie unbedingt her!"

Es ist ein langes Gespräch geworden, und mein Freund Henning hält treu die Videokamera auf uns gerichtet und muß einmal die Filmkassette und zweimal die Batterie wechseln, um dieses lange, interessante Gespräch aufzuzeichnen.

Bevor wir uns verabschieden, verabreden wir uns mit der Familie Schwarz noch für den nächsten Morgen. Dann wollen wir ihnen im Stall über die Schulter schauen und ihre Kuh, ihr Schwein und ihre Hühner filmen. Wir verlassen Familie Schwarz sehr nachdenklich und unterhalten uns über das Schicksal dieser mutigen Pioniere, während wir zurück zum Hause Wilhelm Molkos gehen.

Inzwischen ist es nach Mitternacht geworden. Nach diesem ereignisreichen Tag eigentlich hohe Zeit, schlafen zu gehen. Aber es ist Samstagabend, und im ehemaligen „Hotel Elch" findet noch ein dörfliches Tanzvergnügen statt. Wir haben Molkos Enkeltöchtern Nathalia und Irene versprochen, dort noch hinzukommen. Wir sind gespannt darauf, wie die jungen Leute, Russen und Rußlanddeutsche, hier im dörflichen Trakehnen solch einen Abend begehen.

In dem Gebäude, in dem heute die russische Verwaltung des Ortes sitzt, befindet sich ein Kinosaal, der ganz und gar mit Holz verkleidet ist. Vorne befindet sich eine Bühne, auf der noch Lametta und Kugeln von Weihnachten von der Decke hängen. Zwei große Säulen an der linken und rechten Wand des Kinosaales geben dem Ganzen die Atmosphäre älterer Kinopaläste. Oben links und rechts neben der Bühne befinden sich große Reliefbildnisse von Lenin und Marx. Hier ist die kommunistische Welt also noch in Ordnung. Vor der Bühne wird zu Diskothekenmusik von der Schallplatte getanzt. Es handelt sich dabei im Wesentlichen um sowjetische Rockmusikproduktionen, eine merkwürdige Mischung aus Michael Jackson und Ivan Rebroff.

Die jungen Mädchen hier haben sich ordentlich herausgeputzt und kräftig geschminkt. In um so stärkerem Kontrast dazu steht die Tatsache, daß sie meistens in Mänteln tanzen, da der Saal vollkommen ungeheizt und empfindlich kühl ist. In der tanzenden Menge entdecken wir bald auch Nathalia und Irene, die dort begeistert mittun. Das Ganze hat den Charme einer Bahnhofswartehalle, jedoch immerhin mit dem Vorteil, daß hier striktes Rauchverbot herrscht, was innerhalb des Gebäudes auch eingehalten wird.

Es bleibt jedoch der deprimierende Gesamteindruck, daß in dieses untergehende Reich des Stumpfsinns und der Langeweile nun mit Macht die westliche Dekadenz Einzug hält. Unsere Gespräche kreisen deshalb nun immer stärker um die Frage, wie eine kulturelle Perspektive auszusehen hat, die man zusammen mit deutschem Schulunterricht in dieses kulturell entseelte Land bringen muß.

Weites Land

Nach nur fünf Stunden Nachtruhe sind wir wieder auf den Beinen.

In der Küche werkelt bereits Frieda, die unermüdliche, fleißige Seele des Hauses, herum und bereitet unser Frühstück vor. Rasch trinken wir nur eine Tasse Tee, um uns bei unserer Verabredung mit Frau Schwarz nicht zu verspäten. Vor der Tür treffen wir auf Wilhelm Molko, der ebenfalls bereits auf ist. Er hat eine typisch russische Fellmütze auf dem Kopf und besteigt gerade die höchst abenteuerliche Ausgabe eines Fahrrads, als wir ihn noch für ein paar Sätze abfangen.

Henning zeigt auf das vor der Tür stehende litauische Auto, mit dem wir hergekommen sind, und scherzt mit Herrn Molko: „Guten Morgen, Herr Molko. Ist das Ihr Auto?"

Molko: „Nein, das ist nicht mein Auto. Dies hier ist mein Auto. Das ist ein Auto zum Kohlenführen, Sandführen, Mehlführen. Ich brauche kein Benzin und kein Diesel. Nichts brauche ich mehr."

Wir bestaunen sein Rad, das seitlich eine Art Beiwagen hat, in den man allerhand hineinpacken kann.

Henning: „Damit transportieren Sie alles, was Sie brauchen?"

Molko: „Damit fahren wir alles!"

Henning: „Müssen Sie denn das auch von weiter weg herholen?"

Molko: „Ja, das hole ich von weit her. Manchmal bis zu fünf oder sechs Kilometern."

Henning: „Dann sind Sie also manchmal etliche Stunden unterwegs, wenn Sie Sachen holen?"

Molko: „Ich bin schon 18 Kilometer weit weg damit gefahren. Und noch mehr bin ich gefahren. Sogar bis nach Ebenrode. Von da hab ich Sachen mitgebracht."

Henning: „Und was besorgen Sie so?"

Molko: „Da habe ich Säcke mitgenommen, und dann habe ich Kraut gekauft, und Zwiebeln habe ich gebracht. Alles was wir brauchen."

Henning: „Wenn das Fahrrad mal kaputt geht, wo machen Sie das heil?"

Molko: „Na, ich habe doch die Schlüssel. Ich habe alles zum Reparieren. Ich brauche kein Auto von der Sowchose. Bis ich von dort ein Auto bekomme, kann ich lieber mit dem Fahrrad fahren. Ich habe einmal drei Tonnen Kohle nach Hause überführt.

Da ist einer fortgefahren nach Deutschland. Von dem haben wir die Kohle gekauft."

Henning: „Und wie haben Sie die Kohle dann hierher bekommen?"

Molko: „Nachdem wir sie bei dem gekauft hatten, haben wir sie auf mein Fahrrad draufgeladen. An einem einzigen Tag habe ich drei Tonnen überführt. Sonst müßte ich den ganzen Tag laufen zur Sowchose, daß ich ein Auto bekomme, und dann kriege ich doch kein Auto. Die sagen, sie haben kein Auto. Na und mit dem hier brauche ich also kein Benzin und keinerlei Diesel."

Das war ein typischer Molko-Auftritt mit viel Humor und Deftigkeit. Molko verläßt sich nicht gerne auf andere Leute, sondern vertraut lieber auf seine eigene Schaffenskraft.

Familie Schwarz wohnt zwar nur einen Häuserblock entfernt, aber es ist ein unbeschreiblicher Fußweg dorthin. Die Straßen zwischen den Häuserblocks sind völlig unbefestigt und voll von riesigen Pfützen, sowie schlammigem Untergrund. Als wir am Hause Schwarz ankommen, ist die junge Frau Schwarz schon zum Melken unterwegs. Kurz entschlossen zieht sich die alte Frau Schwarz ihre Stiefel über, um uns zu den Ställen zu begleiten.

Direkt hinter der Siedlung beginnen die Ställe. Es handelt sich um mehrere Dutzend dicht aneinander gebaute Ställe aus Holz und Steinen, daneben oft noch mit Maschendraht eingezäunte Ausläufe für Hühner und Gänse. Obwohl es erst kurz nach sieben Uhr ist und wir heute einen Sonntag haben, ist hier an den Ställen eine große Geschäftigkeit. Man sieht Männer und Frauen, die Eimer zu den Ställen oder von den Ställen forttragen. In den Ställen sieht man die Menschen beim Melken von Kühen, wieder andere tragen Mist aus den Ställen heraus oder frisches Stroh hinein.

Mit Herrn Badt begegnen wir dem ersten Bekannten. Er gehört eher zu der schweigsamen Sorte Mensch, brummelt ein „Guten Morgen" und entmistet weiter seinen Stall. Beim Gang durch die Ställe hindurch erhalten wir auf unseren deutschen Gruß „Guten Morgen" fast überall eine deutsche Antwort. Es sind überwiegend die fleißigen Rußlanddeutschen, die diese zusätzliche Möglichkeit der Selbstversorgung durch Halten von Tieren nutzen. Wir sind an dem kleinen Stall der Familie Schwarz angelangt. Johannes Schwarz trägt Mist aus dem Stall heraus, während wir uns mit seiner Mutter unterhalten.

Henning: „Sie haben also drei Kühe hier?"

Frau Schwarz: „Nein, ein Rind und zwei Kühe."

Diese Feinheiten sind einem Stadtmenschen nun einmal nicht vertraut!

Henning: „Und eine große Sau?"

Frau Schwarz: „Und vier Ferkel. Wir haben erst die Sau gekauft, und dann haben wir danach die vier Ferkel genommen."

Henning: „Die sind also nicht von der Sau, sondern gekauft?"

Frau Schwarz: „Ja, die sind gekauft. Ein Ferkel kostet 425 Rubel. Alle gekauft. Die Kühe haben wir auch gekauft. Die kosteten 2.300 Rubel."

Henning: „Wieviel Milch bringen die Kühe denn?"

Frau Schwarz: „Jede Kuh bringt 12 bis 15 Liter am Tag."

Henning: „Und werden die mit der Hand gemolken?"

Frau Schwarz: „Hier melken alle mit der Hand. Nur in der Kolchose gibt es Melkmaschinen."

Es ist erstaunlich, wie viele Tiere die fleißige Familie Schwarz auf diesen wenigen Quadratmetern hält.

Ich tausche mich mit Henning über die merkwürdige Atmosphäre dieser dicht gedrängten Ställe aus. Henning hat im Vorjahr eine Weltreise unternommen und fühlt sich durch die ganze Umgebung stark an Asien erinnert. Die typische deutsche Eigenart, möglichst viel Individualabstand zu seinen Nachbarn zu halten, sich, wenn irgend möglich, durch einen Zaun abzuschirmen, steht in krassem Widerspruch zu diesen ineinander verschachtelten Ställen und der damit verbundenen räumlichen Nähe. Diese Menschen hier kennen das nicht anders. Und in der Tat muß man sich bewußt machen, daß diese Familien bereits zwei Generationen lang in Mittelasien gelebt haben und nun ein Stück dieser Gewohnheiten nach Ostpreußen mitgebracht haben.

Die eigentümlich fremde Stimmung steigert sich noch, als wir einige Meter weiter an einen geöffneten Stall gelangen, aus dem heller Feuerschein leuchtet, begleitet von einem lauten Geräusch. Bei offener Tür wird dort mit einem Bunsenbrenner eine soeben geschlachtete riesige Sau abgeflammt. Der Geruch von verbranntem Haar und Fleisch liegt in der Luft. Diese Enge, dieser Lärm, diese Gerüche, diese Geschäftigkeit, inmitten abenteuerlicher Blech-, Stein- und Holzkonstruktionen, umgeben von Schlamm, Mistbergen, riesigen Pfützen, dazwischen kläffende Hunde und gackernde Hühner, dieses kleine Stück Orient mitten in Trakehnen ist eine schwer verdauliche Kost für einen nüchternen Magen.

Ein paar Meter weiter endet das Labyrinth von Schuppen und Ställen. Da sind ein paar hohe Berge mit Stroh, teilweise notdürftig überdacht. Frau Schwarz ist auf diese Vorräte mächtig stolz: „Das ist alles von den deutschen Leuten hier. Von Kasachstan sind sie gekommen. Und das da und hier und das dort", und damit zeigt sie auf die riesigen Strohberge, „alles von unseren Kasachstan-Leuten. Jetzt müssen wir ludern, daß wir Holz kriegen, damit wir das überdachen können, sonst geht das verloren."

Während sie mit Henning weiterspricht, gehe ich einige Meter zwischen den Strohbergen hindurch. Da steht noch ein halb umgeknickter Strommast, dann beginnt das weite, offene Land.

Das also war einmal das berühmte „Heiligtum der Pferde"! Rechts von mir, nur ein paar hundert Meter entfernt, stand einmal der Hauptbeschäler des Gestütes. Gerade vor mir, keine zwei Kilometer entfernt, wurden in dem Vorwerk Gurdszen die Rappstuten gehalten. Einen Kilometer südöstlich davon in Taukenschken liefen die Araberstuten über das weite, saftige Weideland. Links von mir, in Bajohrgallen, war die Heimat der gemischtfarbigen Stuten. Und heute? Weites, ödes, unbewirtschaftetes Land. Trakehnen ohne Pferde, welch verrückte Welt!

Wir kehren mit Frau Schwarz zurück in die Siedlung. Mitten zwischen den Häusern bleibt sie stehen und ruft: „Als wir gekommen sind, o waren die Häuser da dreckig! Ach, ach. Haben wir alles selber in Ordnung gebracht. Noch vor dem Winter! Oi, Oi, Oi. Uns ist es arg schlecht gegangen."

Dann zeigt sie stolz auf die verschiedenen Wohneinheiten, in denen Deutsche leben: „Dort, des, die vier Quartiere, lauter Kasachstan-Deutsche sind das und da, hier auch. Da oben ist eine Familie aus Turkistan. Und nebendran ist grad die Schwester unserer Schwiegertochter. Und dann da drüben, da wohnen auch drei Familien. Und dort wohnen ebenfalls zwei Familien, dort in dem Haus dort drüben. Und dann eben grad an der Ecke, das da. Das sind auch Deutsche. Auch von Kasachstan. Und da hinten, die sind auch von Kasachstan. Und gerade dort am Ende, die sind ebenfalls von Kasachstan. Das sind unsere Verwandten aus unserem Dorf."

Vor ihrem Haus verabschieden wir uns von Frau Schwarz. Ihr Sohn Johannes ist aus dem Stall zurück und ist gerade dabei, Holz zu hacken. In den Wohnungen hier wird mit Holz und mit Braunkohle geheizt.

Wir wollen noch ein paar Eindrücke gewinnen und schlendern im großen Bogen zurück durch die Siedlung. An der Straße stehen auf einem Holztisch viele Eimer mit Milch. Die tüchtigen Rußlanddeutschen produzieren inzwischen in ihren winzigen Ställen so viel zusätzliche Milch, daß die Molkerei, die die Milch aus der Sowchose abholt, die viele Milch der Rußlanddeutschen gar nicht haben will. Um Arbeit reißt sich hier niemand, und mehr Milch bedeutet für die Molkerei mehr Arbeit. Uns ist klar, daß eine wirksame Hilfe für die Rußlanddeutschen in der Zukunft also nicht in der Hilfe bei der Erzeugung landwirtschaftlicher Güter Halt machen darf. Mit der genossenschaftlichen Vermarktung beginnt erst die eigentliche Bewährungsprobe für die Wirksamkeit unserer Hilfe. Hier ist noch unendlich viel Aufbauarbeit zu leisten.

Mit der Sonntagsruhe nehmen es die Deutschen hier nicht so genau. Gegenüber von Molkos Haus ist vor kurzem ein Deutscher aus Kirgisien eingetroffen. Nach seinem Erscheinungsbild würde man ihn eher den Erben Dschingis-Khans zuordnen, aber die Gene seiner deutschen Großmutter müssen es sein, die diesen erst vor ein paar Tagen zugezogenen Mann dazu treiben, mit Lot und Richtschnur in sorgfältiger Ordnung einen Holzlattenzaun rund um sein kleines Grundstück zu errichten. Wir schauen eine Weile zu und sind über den herrlichen Ordnungssinn gerührt, mit dem dieser Mann sorgfältig Latte neben Latte setzt und dabei jeweils ein Stück Holz als Abstandshalter benutzt, damit alles schön ordentlich und gleichmäßig aussieht.

Wir verlassen Trakehnen in Richtung Gumbinnen. Rechts die roten Landarbeiterhäuser mit dem schnatternden Federvieh davor, vor uns die Fahrbahn, mehr Fluß als Straße, erreichen wir am Ortsausgang die feste Allee. Vorbei am Bahnhof Trakehnen geht es zurück auf die Reichsstraße 1 in Richtung Gumbinnen.

Gumbinnen macht einen ziemlich heruntergekommenen Eindruck. In der Stadt befindet sich eine größere Kasernenanlage in rotem Klinker noch aus der Wilhelminischen Zeit. Außerdem linker Hand eine riesige Fabrikanlage, die einen äußerst schmutzigen Eindruck macht. Ansonsten ist das Bild durch sozialistischen Neubau bestimmt, allerdings in seiner extremsten Form, so daß das Ganze slumartig wirkt. Im Ortskern von Gumbinnen sind eine ganze Reihe älterer Gebäude aus deutscher Zeit erhalten. Ihr roter Klinker wurde teilweise mit dunkelroter Farbe überstrichen. Bei der Weiterfahrt in Richtung Insterburg fällt am Stadtrand ei-

Verleger Dietmar Munier, Initiator der Aktion „Deutsches Königsberg", erläutert die geplanten Gewerbe- und Siedlungsprojekte in Trakehnen auf einem Seminar des „Schulvereins zur Förderung der Rußlanddeutschen in Ostpreußen"

Seminar des „Schulvereins zur Förderung der Rußlanddeutschen in Ostpreußen". Am Vorstandstisch v. l.: Verleger Dietmar Munier, Helge Redeker, Dr. Axel Neu

Blick auf einige der über fünfzig Teilnehmer im Seminarraum

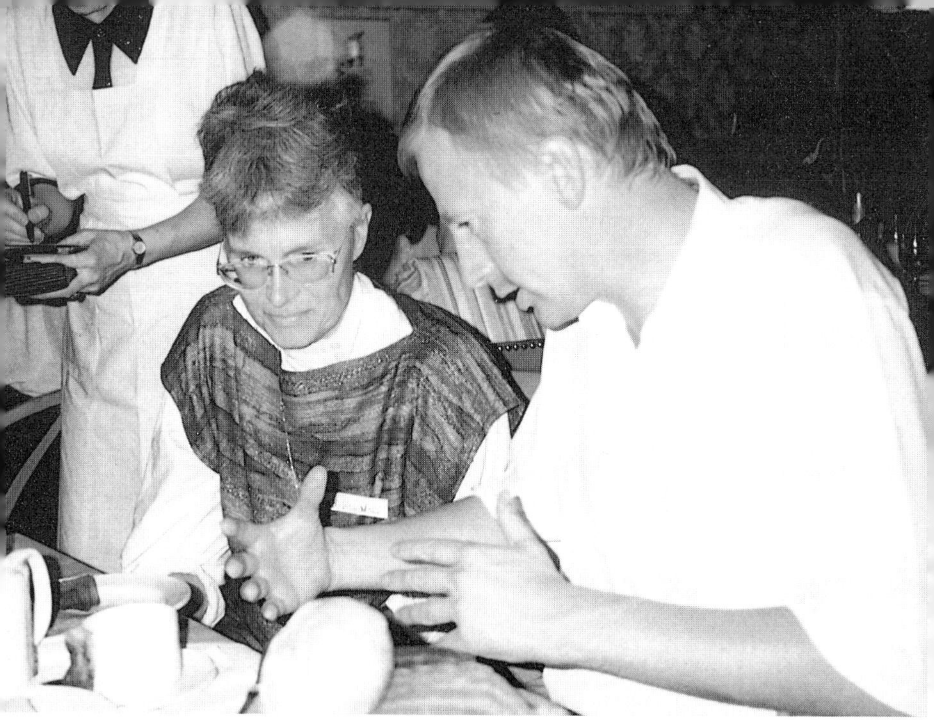

Helge Redeker (2. Vorsitzender des Schulvereins) im Gespräch mit einer freiwilligen Lehrer-Bewerberin

Verleger Dietmar Munier im Gespräch mit einem Seminarteilnehmer

Überführung eines 13,5-Tonner- und eines 7,5-Tonner-LKWs und zweier bewohnbarer Bauwagen aus Spenden der Aktion „Deutsches Königsberg" nach Trakehnen

Freiwillige Helfer beim Hilfskonvoi nach Nord-Ostpreußen

Einladung unserer Helfer bei rußlanddeutschen Siedlern nach heiler Ankunft des LKW-Konvois. Ganz rechts das Ehepaar Holzmann aus Trakehnen

Zum Dank geben zwei Rußlanddeutsche ein kleines Ständchen

Ein LKW der Aktion „Deutsches Königsberg" im Einsatz. Auf dem Güterbahn-
hof von Gumbinnen ist eine neue Familie aus Kasachstan eingetroffen. Wir helfen beim Abtransport ihrer Habe in eine kleine Siedlung zwischen Gumbinnen
und Trakehnen

Die Familie war zehn Tage lang aus Kasachstan unterwegs und hat im Güterwaggon gewohnt und gewirtschaftet

Blick in den Güterwaggon: Die Neusiedler bringen, wenn möglich, ihr gesamtes bewegliches Eigentum nach Ostpreußen mit

Ein weiteres Einsatzgebiet des noch kleinen, aus Spenden erworbenen Fuhrparkes der Aktion „Deutsches Königsberg": Transport von Baustoffen für Baumaßnahmen der Rußlanddeutschen

Hier werden Steine aus einer Ziegelei in Gumbinnen abgeholt

ne erstaunlich gepflegte Schrebergartensiedlung ins Auge.

Hinter Gumbinnen wieder die endlose Allee. Nach einigen Kilometern sehen wir rechts der Straße auf den Wiesen einen einsamen Reiter. Das ist ein ungewohntes Bild in einem Land, in dem das Leben anscheinend nur aus Broterwerb und nackter Lebenserhaltung besteht. Irgendwelche anderen Formen von Freizeitgestaltung, wie sie zum Beispiel im Reiten ihren Ausdruck finden, sind uns hier bisher nirgends begegnet.

Irgendwo auf dem Wege zwischen Gumbinnen und Insterburg, in Branden oder Kubbeln, in einem kleinen Straßendorf, entdecken wir links neben der Straße ein altes deutsches Ehrenmal, auf dem noch ein in Stein gehauener deutscher Stahlhelm zu erkennen ist. Wir halten an und setzen zurück. Tatsächlich, wir haben uns nicht verguckt. Aber das Ehrenmal wirkt in seiner Umgebung aus Matsch und Bauschutt, als ob es in dieser Form dort noch nicht lange steht. Am Sockel sind frische Mauerspuren zu entdecken. Einige russische Bewohner finden sich ein und erzählen uns, daß das Denkmal unter der Erde gelegen habe und jetzt zufällig gefunden worden sei. Sie haben es auf eigene Initiative wieder aufgerichtet und einen Betonsockel dafür gegossen. Beim Bergen aus der Erde haben sie auch einen deutschen Stahlhelm gefunden. Den wollen sie, wenn der Stein gesäubert und restauriert ist, oben draufsetzen. Aus den Motiven für dieses Handeln werden wir nicht ganz schlau. Das ganze ist eine Geste, mit der es diesen Menschen wirklich ernst zu sein scheint, jedenfalls eine gute Geste der Versöhnung. Ein Händereichen über Gräbern.

Ein paar Kilometer weiter wandert ein kleiner Fluß durch die Landschaft. Die Angerapp begleitet uns rechts der Straße und schlängelt sich durch eine trostlose und öde Landschaft, die in weiten Teilen unbewirtschaftet ist.

Bald haben wir Insterburg erreicht. Gleich am Ortseingang fallen rechter Hand an den Schienensträngen riesige alte Speicherhäuser auf, auch eine alte deutsche Wohnsiedlung aus großen gelben Mehrfamilienhäusern mit roten Dächern. Es gibt eine große Anzahl repräsentativer Altbauten, deren Zustand zu dieser Jahreszeit ohne jede Vegetation besonders erbarmungswürdig wirkt.

Neben grauenhaften Neubauten darf auch das unvermeidliche sowjetische Ehrenmal an der Hauptstraße nicht fehlen. Es handelt sich diesmal nicht um Lenin, sondern um irgendeine andere Sowjetgröße. Diese meist einigermaßen in Schuß gehaltenen Ehrenmale stehen in krassem Gegensatz zum sonstigen Bild der Verwahrlosung und zu dem katastrophalen Straßenzustand mit unzähligen Schlaglöchern. Besonders ins Auge springt in Insterburg die Präsenz von Soldaten überall im Stadtbild. Insterburg war schon zu deutscher Zeit eine bedeutende Garnisonstadt und beherbergt heute eine große Anzahl russischer Soldaten.

Beim Verlassen der Stadt bitten wir unseren Fahrer um möglichst schnelle Fahrweise. Wir wollen um 14 Uhr die evangelische Andacht von Pastor Beyer in der Kreuzkirche erreichen. Man kann sich hier mit den Fahrzeiten erheblich verschätzen. Wenngleich Trakehnen nur etwa 130 Kilometer von Königsberg entfernt liegt, so muß man doch mit einer Fahrzeit von zwei bis drei Stunden rechnen.

Der Fluß, der uns schon seit langer Zeit rechts neben der Straße begleitet, ist hinter Insterburg wesentlich breiter geworden. Ein Blick auf die Landkarte zeigt uns, daß es sich jetzt um den Pregel handelt, zu dem sich bei Insterburg die Angerapp und die Inster vereinigt haben.

Ungefähr von Taplacken ab, wo wir den Pregel überqueren, der jetzt links von uns fließt, wenige Kilometer vor Tapiau, bessert sich die Situation der landwirtschaftlichen Nutzung etwas. Auffällig ist jedoch nach wie vor die große Nässe der Äcker, die auf eine schlecht funktionierende Entwässerung schließen läßt.

Vor Tapiau ist die Landschaft durch große Überschwemmungswiesen geprägt. Eine alte Eisenbahnbrücke mit drei grauen Bogen führt über ein ziemlich breites Fluß- und Überschwemmungstal. Unweit von Tapiau fällt auch wieder das Abholzen der Alleebäume an der Reichsstraße 1 auf. Hier scheint der Ausbau der Reichsstraße zur Autobahn noch vorangetrieben zu werden. Man hat die Trasse dafür teilweise ungefähr hundert Meter neben der alten Reichsstraße durch den Wald gelegt.

Die Einfahrt nach Tapiau ist idyllisch. Die Straße führt auf einem hohen Chausseedamm, der auf voller Länge mit einer Allee bewachsen ist, auf den Ort zu. Rechts des Dammes fließt die Deime, links davon sind weite Überschwemmungswiesen des Pregel zu sehen und dahinter die Silhouette der Stadt.

Am Ortsanfang empfängt uns eine alte Gefängnisanlage, die auf einem großen, alten roten Backsteingebäude mit einem kirchturmartigen Turm basiert. Erstmals auf unserer Reise sehen wir in Tapiau eine einigermaßen instandgesetzte Kirche mit einem neu gedeckten Kirchturm. Gegenüber der Kirche blickt Lenin über den Vorplatz.

In Tapiau gibt es einen größeren Bestand von alten roten Backsteingebäuden. Überhaupt ist hier der deutsche Baubestand dominant. Insgesamt wirkt die Ortsstruktur noch erhalten, so als ob hier keine größeren Kampf- und Zerstörungshandlungen stattgefunden haben. In merkwürdigem Kontrast dazu steht die Reichsstraße 1 innerhalb der Stadt. Sie schlängelt sich wie ein besonders breit angelegter schotterartiger Feldweg in katastrophalem Zustand durch den Ort. Am Ortsausgang in Richtung Königsberg fallen dann wieder verstärkt Neubausiedlungen auf.

Hinter Tapiau kommt endlich die Sonne durch, so daß eine größere Schrebergartenanlage, die hier wiederum nicht ganz so gepflegt und eher ärmlich wirkt, gnädig von der Sonne überschienen wirkt. Je näher wir nun Königsberg kommen, desto fortgeschrittener ist der Stand des Ausbaues der neuen Straßenführung. Das Ganze soll anscheinend eine Autobahn werden. Ungefähr zehn Kilometer hinter Tapiau fahren wir auf die neue Trasse auf. Mit wachsender Spannung erwarten wir Königsberg, Deutschlands einstmals goldene Stadt im Osten. Einstweilen fallen uns auf beiden Straßenseiten unzählige Erdölpumpen auf. Rechter Hand sieht man auf einem Hügel einen großen Bohrturm. In den letzten Jahren ist hier Erdöl gefunden worden. Neben dem Bernstein, der bei Palmnicken immer noch im großen Stil im Tagebau gefördert wird, ist dieser Bodenschatz von einiger Bedeutung für dieses Land, das einstmals Deutschlands Kornkammer war und unter seinen neuen Herren in das Elend unserer Tage versinken mußte.

Die Einfahrt nach Königsberg ist ziemlich unidyllisch. An der Autobahn steht rechter Hand plötzlich ein großes Betonmonument und daneben in riesigen kyrillischen Lettern die russische Bezeichnung „Kaliningrad".

Kaliningrad? Königsberg! Meine Vaterstadt in des Wortes ureigenster Bedeutung. Vaterstadt, Großvaterstadt – ja, auch die Stadt meiner geliebten Großtante „Mieze", die nach 1945 in ihrer Kellerwohnung in Hannover voller Sehnsucht darauf wartete, in ihre geliebte Heimatstadt zurückkehren zu dürfen. Wie lange ist es her, seit ich dich am Morgen deines Todestages auf die steile blaue Ader geküßt habe, die sich über Nacht auf deiner Stirn gebildet hatte? Du bißchen Fleisch und Knochen und durchsichtige Haut in deinen letzten Stunden, du unendliche Güte und ewige Liebe. Jetzt kehre ich für dich in deine Stadt zurück.

Königsberg

Einstweilen diktiert der knappe Zeitplan das Geschehen.

Um 14 Uhr soll die Andacht von Pastor Beyer beginnen. Wir wollen möglichst rechtzeitig dort eintreffen, um für unseren Film Aufnahmen von rußlanddeutschen Gottesdienstbesuchern zu machen. Außerdem wollen wir von Pastor Beyer die Genehmigung dafür erbitten, während des Gottesdienstes drehen zu dürfen. Es ist jetzt kurz nach 13 Uhr, so daß wir auf schnellstem Wege die Kirche erreichen müssen, um die geplanten Aufnahmen verwirklichen zu können.

Gleich am Ortseingang fallen uns einige deutsche Bezeichnungen auf. So steht dort beispielsweise linker Hand ein großes Schild „Autohandel". Ebenfalls auf der linken Seite befindet sich eine Siedlung mit kleineren, alten deutschen Einfamilienhäusern, während rechts eine ausgedehnte Siedlung mit sozialistischem Neubau liegt. Aus einem Schornstein zur Linken schlägt uns dicker, schwarzer Rauch entgegen. Dann folgen wir einer riesigen, breiten Straße mit der üblichen Bebauung, einer Mischung aus Industriegebiet und Schuttabladeplatz.

Als erstes bekanntes Zeichen des alten Königsberg passieren wir das dunkelrot angestrichene Sackheimer Tor. Etwa in der Höhe des Königsberger Domes wird das ganze Grauen offenbar, das sich über diese einst blühende deutsche Stadt gelegt hat. Ich habe viele Städte Pommerns, Süd-Ostpreußens und des Sudetenlandes in den letzten Jahren besucht und gesehen. Überall kann man den Verfall der Bausubstanz der alten Innenstädte beobachten. Neubauten befinden sich in der Regel an der Peripherie der Orte. Dadurch ist meist noch ein gewisser Rest an Substanz und deutscher Atmosphäre geblieben. Hier in Königsberg ist die Situation genau anders herum. Die neuen Betonhochhäuser, in denen die Masse der 400.000 Bewohner Königsbergs vegetiert, sind direkt in das Zentrum der Stadt hineingebaut worden. Da, wo einmal an Schloß und Altstädt. Langgasse das Leben der Königsberger Innenstadt pulsierte, dehnen sich heute, so weit das Auge blickt, häßliche Betongiganten in alle Richtungen. Diese Stadt hat, wie sich später herausstellen wird, keinerlei geordnetes Zentrum mehr, keine Geschäftsstraße, keine Zonen öffentlichen Lebens. Diese Stadt ist nur noch der tragische Schatten ihrer einstigen Gestalt.

Um Zeit zu sparen, engagieren wir uns einen russischen Taxifahrer, der uns zur Kreuzkirche lotsen soll. Dies erweist sich als schwerer Fehler. Nach einer längeren Autofahrt erreichen wir Juditten. Diese Kirche, die mir in ihrer robusten Feldsteinbauweise aus Bildbänden wohlbekannt ist, erkenne ich sofort. Es ist nur leider die falsche Kirche. Für mich ist diese überraschende Begegnung mit der Juditter Kirche eigentümlich anrührend. Weiß ich doch, daß es von hier aus nur noch wenige Kilometer zum Gut Holstein am Ufer des Pregel sind. Dort hatte sich der Bruder meines Großvaters in den 30er Jahren ein altes Rittergut mit ausgedehnten Ländereien gekauft und es bis zur Vertreibung bewirtschaftet. Hier draußen haben die Cousinen und Cousins meines Vaters, an manchen Tagen auch er selbst, eine unbeschwerte Kindheit verbracht. Meine „Tante" Marion Munier, die ältere Cousine meines Vaters, hat ihre Erinnerungen an Kindheit und Jugend aufgezeichnet. In einer langen Nacht hat sie mir einmal daraus erzählt und vorgelesen. Da gibt es tragikomische Episoden, so z. B., wie ihr Vater eines Tages bei Glatteis mit leicht erhöhtem Alkoholspiegel vom Holsteiner Damm abkam und mit seinem Auto im Pregel versank (sowohl er, als auch das Auto konnten gerettet werden!) oder wie meine Tante zur Gutsschule geschickt wurde, sie möge dem Lehrer ausrichten, er solle die Schule für heute schließen, da die Kinder zur Ernte gebraucht würden. Hier in Juditten endete einst das geschlossene Stadtgebiet von Königsberg, bald danach begann das ländliche Ostpreußen, mit dem wir Erinnerungen und Vorstellungen dieser Art lebhaft verbinden.

Trotz der vorgerückten Zeit betreten wir noch schnell die Juditter Kirche. Während sie von außen noch ganz dem Bild entspricht, wie wir es von alten Fotos kennen, schlägt uns innen abrupt die Fremdheit einer völlig anderen Kultur entgegen. Hier wird gerade eine orthodoxe Messe zelebriert. Für uns, die wir es gewohnt sind, in einer Kirche andächtig schweigend zu verharren, ist das bunte Treiben, das sich während des Gottesdienstes rundherum abspielt, besonders erstaunlich.

Nach einer längeren Fahrt über die Juditter und Lawsker Allee erreichen wir wieder die Innenstadt und müssen erneut mit unserer Suche beginnen. Inzwischen nähert sich der Uhrzeiger unaufhaltsam der 14-Uhr-Marke. Nach einer Rundreise, vorbei an den noch verbliebenen Königsberger Kirchen, stehen wir endlich, es ist inzwischen kurz nach 14 Uhr, an der Kreuzkirche. Zu unserer Überraschung handelt es sich dabei um eine Ruine, die sich als einziges altes Bauwerk inmitten einer riesigen Hochhaussiedlung befindet und von dieser vollkommen eingeschlossen ist. Die Kirche steht im Eigentum der orthodoxen Kirche und hat einen modern restaurierten Verwaltungsanbau mit einer

Pastorenwohnung, sanitären Anlagen und einem großen Versammlungsraum. Obwohl nach unseren Informationen jetzt eigentlich der Gottesdienst stattfinden müßte, treffen wir keine Menschenseele dort an.

Nach einigem Suchen öffnet uns im obersten Geschoß in der Pastorenwohnung die reizende junge Frau des orthodoxen Pfarrers die Tür und bittet uns herein. Wir werden liebevoll mit Tee und Kuchen bewirtet, und Edith dolmetscht uns die enttäuschenden Neuigkeiten. Seit vierzehn Tagen hat Pastor Beyer die Anfangszeit seiner Andachten umgelegt, so daß sie nunmehr bereits um 12 Uhr stattfinden. Die Andacht ist also längst beendet, vergeblich versucht die freundliche Frau auch, Pfarrer Beyer telefonisch in seiner Wohnung zu erreichen. Dort hebt niemand ab.

Als Mann für alle Fälle war uns in Königsberg der junge Russe Jurij Malinowski empfohlen worden. Er hat einen halbdeutschen Großonkel, ein Unikum und ein lebendiges Geschichtsbuch. Wir werden ihm später noch begegnen.

Einstweilen versuche ich, Jurij Malinowski telefonisch zu erreichen, und lande beim ersten Versuch einen Volltreffer. Er ist am Apparat und bietet an, uns sogleich abzuholen. Eine halbe Stunde später trifft er ein, ein sympathischer junger Mann, etwa Anfang dreißig, der recht passabel Deutsch spricht und die angenehme Eigenschaft hat, für jedes Problem eine Lösung zu wissen. Da er noch eine terminliche Verpflichtung hat, bittet er uns, ihn dorthin zu begleiten, später würde er dann unbegrenzt Zeit für uns haben. Er sei, so erklärt er, hobbyweise als Ballettlehrer tätig, und heute würden Filmaufnahmen mit seinem Ballett durchgeführt werden, wobei er zwingend anwesend sein müsse.

Unter seiner Führung landen wir im Gebäude einer riesigen öffentlichen Schwimmhalle und dort wiederum in einem der wenigen privaten Restaurants der Stadt. Während uns ein recht ordentliches Mittagessen, bestehend aus einem Tomaten-Gurkensalat und halben Brathähnchen mit Brot, serviert wird, werden wir Zeuge der Ballettaufführung, die sich auch ohne näheres Hinsehen eher als Animationsschau eines zweitklassigen Nachtclubs entpuppt.

Trotz seines merkwürdigen Hobbys erweist sich „Ballettmeister" Malinowski als wirkungsvoller Helfer. Geschickt und ortskundig lotst er uns von Termin zu Termin.

Zunächst steht der Besuch bei einem russischen Fotografen auf dem Programm, der für mich bereits über Mittelsmänner gearbeitet hat und dem ich nun erstmals gegenübersitze. Herr Tschernischow lebt mit einer sympathischen Frau und einem Kind in einem jener fürchterlichen Betonwohnblöcke und hat eine gut eingerichtete Wohnung mit Anbauwand und vielen Büchern. Wir führen ein angeregtes Gespräch über die politische Zukunft. Wird es dem Gebiet gelingen, sich wirtschaftlich zu öffnen? Wann wird es eine Rückbenennung vom russischen Kaliningrad zum deutschen Königsberg geben? Wir sprechen über fotografierwürdige Objekte in Königsberg und im Samland, fachsimpeln über das geeignete Kamera- und Fotomaterial und verhandeln über Preise. Zu den traurigen Erkenntnissen dieses Gespräches gehört die Tatsache, daß es zumindest im Königsberger Stadtgebiet kaum noch irgendwelche fotografierwürdigen Objekte über das hinaus gibt, was dieser Fotograf bzw. ein zweiter russischer Fotograf aus Königsberg, der ebenfalls für mich arbeitet, mir bereits geliefert haben. Es stehen nur noch wenige alte markante Bauwerke; das historische Königsberg lebt eigentlich nur noch in den reinen Wohngebieten wie Amalienau, Mittelhufen, Juditten und wenigen anderen. In diesen reinen Wohngebieten gibt es naturgemäß nur wenig Aufsehenerregendes zu fotografieren.

Nach diesem ersten Einblick in russische Wohn- und Lebensverhältnisse suchen wir zusammen einen weiteren russischen Geschäftspartner auf, der sich bei näherer Betrachtung als Ukrainer entpuppt. Königsberg ist ein großes Sammelbecken der Völkerschaften der ehemaligen Sowjetunion, allerdings mit einem äußerst geringen Anteil von Asiaten im öffentlichen Erscheinungsbild der Stadt. Von der Bevölkerung her, die man auf Straßen und in Geschäften antrifft, ist Königsberg eine ganz und gar europäische Stadt, europäischer als Großstädte wie London, Frankfurt oder Paris mit ihrem riesigen Anteil an farbiger Bevölkerung. Unser ukrainischer Geschäftspartner betreibt einen kleinen Verlag, in dem bereits ein Stadtplan von Königsberg erschienen ist. Wir wollen nun gemeinsam eine zweisprachige Touristenkarte für Nord-Ostpreußen herausgeben und die Einzelheiten für die Gestaltung abstimmen. Herr Hilko ist ein gepflegt wirkender, bescheidener und überaus korrekter Mann. Ich habe den Eindruck, daß man mit ihm Geschäfte machen kann, bei denen sich auch die östliche Seite an ihre Vereinbarungen hält, was bei Ost/West-Joint-Ventures nicht gerade der Regelfall ist.

Verblüffend ist für uns die Selbstverständlichkeit, mit der Leute wie er und Jurij Malinowski die Rückkehr der deutschen Bezeichnungen in Königsberg befürworten und aktiv unterstützen. Sie kennen für fast jede Straße und jedes Bauwerk den deutschen Namen. Für diese Leute ist die bevorstehende Rückbenennung von Kaliningrad in Königsberg ausgemachte Sache, und sie begrüßen ein deutsches Engagement in Königsberg ausdrücklich. Herr Hilko ist ein kreativer Mann, der eine Reihe von Patenten und Gebrauchsmustern angemeldet hat. Er gehört zu den Leuten, die die Chancen der beginnenden Privatisierung nutzen und dabei sicherlich erfolgreich sein werden. Wir werden handelseinig.

Während unseres anregenden Gespräches ver-

110

sucht Jurij immer wieder, Kontakt zu Pastor Beyer zu erhalten. Schließlich gelingt es ihm tatsächlich, ihn zu erreichen. Ich übernehme das Telefongespräch und erkläre Herrn Pastor Beyer unser Anliegen. Trotz der vorgerückten Stunde ist er bereit, sich noch mit uns zu treffen. Wir vereinbaren die Parkplatzeinfahrt des Hotels „Baltic" als Treffpunkt.

Jurij hat angeboten, daß wir das Filminterview mit Pastor Beyer in der Wohnung seiner Eltern durchführen dürfen. Er ist sehr stolz darauf, daß er in einem alten deutschen Mietshaus wohnt. Diese über fünfzig Jahre alten Häuser bieten einen größeren Wohnkomfort und schönere Räumlichkeiten, als all die schrecklichen Betongebäude, mit denen die Stadt heute verunziert ist. Beim späteren Betreten seines Hauses fällt bereits das Treppenhaus wohltuend auf. Während in den Betonneubauten hinter kleinen Eingangstüren enge Treppenhäuser aus Beton beginnen, wobei die Stufen oft tief ausgetreten sind oder der Beton der Stufen zerbröselt, fällt in alten deutschen Mietskasernen die Großzügigkeit der Konstruktion und die Dauerhaftigkeit der verwendeten Materialien auf. Auch 47 Jahre nach der Austreibung der Deutschen befinden sich diese Häuser, von der Verschmutzung einmal abgesehen, substantiell in ziemlich gutem Zustand.

Pastor Beyer ist ein unscheinbar wirkender Mann, der einen etwas ungepflegten Eindruck macht. Er entschuldigt sich, daß er sich abholen ließe, statt mit seinem Auto zu kommen; er habe schon ein wenig getrunken. Er hat an diesem Sonntag eine kleine Odyssee hinter sich gebracht. Nach der Andacht wollte er mit dem Auto nach Hause nach Dresden fahren, wurde jedoch nach stundenlangem Warten am russisch-polnischen Übergang zurückgewiesen. Nur der Tatsache dieser Widrigkeit verdanken wir, daß wir ihn überhaupt heute abend zu Gesicht bekommen. Bereitwillig schließt er sich uns an, und wir fahren in die Wohnung der Familie Malinowski.

Dort begegnen wir dem legendären Großonkel von Jurij, mit dessen Lebensgeschichte man allein ein ganzes Buch füllen könnte. Er ist ein weißhaariger alter Herr mit langem weißen Bart. Pastor Beyer warnt uns gleich, daß Herr Malinowski die Eigenschaft hat, bei seinen Erzählungen kein Ende zu finden. Die Tatsache, daß er sehr schwerhörig ist, erleichtert es nicht gerade, ihn in seinem Redefluß zu stoppen. Wir wollen trotzdem den Versuch machen, mit ihm ein Interview in vertretbarer Länge aufzuzeichnen. Zusammen mit Pastor Beyer nimmt er auf dem Sofa in der guten Stube der Familie Platz. Es entspinnt sich folgender Dialog.

„Herr Malinowski, Sie sind das älteste Gemeindemitglied von Herrn Pfarrer Beyer. Wie hat es Sie denn hier nach Königsberg verschlagen?"

Herr Malinowski: „Das ist eine lange Geschichte." Und mit einem entschuldigenden Blick auf uns und Pfarrer Beyer: „Die wird zu lange dauern. Ich kann nur kurz sagen, ich wurde am 1. Januar 1947 von Berlin aus nach Sibirien verschleppt. Ich wurde zu 10 Jahren Haft verurteilt, ohne Gerichtsverhandlung. Als ich entlassen wurde, war ich zunächst kurze Zeit in Moskau. Ich hatte ein Schreiben von einem schwedischen Inhaftierten bei mir, der in sibirischer Haft mit mir zusammen war. Er hieß Arthur Tuwelius, er hatte mich gebeten, ein Schreiben an die schwedische Botschaft zu geben. Der deutsche Botschafter brachte mich damals zum schwedischen Botschafter, und die schwedische Botschaft hat den Brief aufgemacht. Der Botschafter kannte die Handschrift von Arthur Tuwelius. Er sagte mir, daß seine Frau sehr besorgt um ihn sei und daß sie von der sowjetischen Regierung amtlich bestätigt bekommen hätten, er sei verstorben. Ich habe den Eindruck, daß herausgekommen ist, daß ich Schuld daran war, daß diese Lüge entblößt wurde. Ich durfte dann nicht mehr aus der Sowjetunion raus. Ich nehme an, daß das einer von den Gründen war, warum ich nicht mehr raus durfte. Die deutsche Botschaft hat zwei Jahre lang alles mögliche getan, damit ich wieder heimkehren dürfte nach Berlin, von wo aus ich verschleppt wurde. Aber es war alles vergeblich. Und dann kam ich hierher. Eigentlich dachte ich, wenn alle Stricke reißen, dann komme ich doch wenigstens der Heimat immer näher. Aber weiterzukommen war unmöglich. So ist es passiert, daß ich hiergeblieben bin."

„Sie sprechen ja ganz ausgezeichnet Deutsch, sind Sie denn nun Deutscher oder Russe?"

„Dazu muß ich etwas weiter ausholen. Ich bin 1905 geboren, mein Bruder Valentin 1917. Das sind zwölf Jahre Unterschied. Als ich geboren wurde, da lebten noch mein Großvater und meine Großmutter mütterlicherseits. Mein Großvater war gebürtiger Königsberger. Ich wuchs im Hause meiner Großeltern auf, und die deutsche Sprache war meine Muttersprache. Mein Bruder war zwölf Jahre jünger als ich, er war in Batumi im Kaukasus geboren. Mein Vater war zaristischer Offizier. Da war schon der Krieg von 1914 ausgebrochen, und mein Vater war als zaristischer Offizier an der türkischen Front. Bei meinem Vater wurde nur russisch gesprochen, und so hat mein Bruder eine ganz andere Beziehung als ich. Ich habe später in Berlin-Charlottenburg studiert und bin Diplom-Ingenieur geworden. Ich habe dort auch Violine gespielt. Später hat uns das Schicksal wieder zusammengeführt. Meine Mutter war in Italien mit meinem Bruder, und sie wurden auch hierher deportiert."

„Und wie ist das mit Ihrem Verhältnis zur evangelischen Kirche und zu Pastor Beyer?"

„Ich kam ja damals als Austauschstudent nach Deutschland und besuchte dort auch mit meiner Mutter die evangelische Kirche. So war ich natürlich hoch erfreut, als ich hörte, daß es jetzt hier in Königsberg eine deutsch-evangelische Gemeinde gibt. Ich bin ja eigentlich orthodox, aber ich bin schon alt genug, daß ich auch zur evangelischen Kirche gehen kann. Außerdem, in der russischen Kirche muß man stehen, und hier kann man sitzen. Das ist auch einer der Gründe! Und die Hauptsache ist die deutsche Sprache, denn mein Herz gehört Deutschland."

Wir haben schmunzelnd diesem alten Herrn zugehört, der so interessant erzählen kann, jedoch unter dem Termindruck, unter den wir ihn setzten, mit Leichtigkeit durch die Jahrzehnte hin und her sprang. Pastor Beyer hat geduldig den Schilderungen von Herrn Malinowski gelauscht, die er sich von dem mitteilsamen alten Herrn schon des öfteren hat erzählen lassen müssen.

Wir verabschieden uns von Herrn Malinowski, der zu dieser vorgerückten Stunde von einem seiner Verwandten nach Hause gebracht wird.

In Pastor Beyer bekommen wir nun erstmalig einen vollkommen anderen Menschentyp vor die Kamera. Herr Molko, das Ehepaar Badt, die Familie Schwarz und auch der soeben interviewte Herr Malinowski sind einfache, offene und gutmütige Menschen, die aus ihrem Herzen keine Mördergrube machen und „frei weg von der Leber" reden. In Pastor Beyer begegnen wir einem Menschen, dem das Gespräch mit Medien nicht unvertraut ist, und der seine Rolle mit großer Professionalität wahrnimmt.

Zu den zunächst augenfälligsten äußerlichen Kontrasten gehört die Tatsache, daß dieser Pfarrer

115

aus Mitteldeutschland, der ehemaligen DDR, in Antwort auf meine Fragen nach „Königsberg" konsequent mit „Kaliningrad" antwortet. Dies verblüfft um so mehr, als bisher auch unsere sämtlichen russischen Gesprächspartner nur die Bezeichnung Königsberg benutzten.

Ich beginne das Frage- und Antwort-Spiel: „Sie sind Pastor der evangelisch-lutherischen Gemeinde in Königsberg, einer deutschen Gemeinde, die Sie hier leiten. Seit wann tun Sie das?"

Beyer: „Ich bin hier seit dem 7. Dezember, ich bin von meiner sächsischen Landeskirche auf ein Jahr für diesen Dienst freigestellt. Die deutsche Gemeinde hier in Kaliningrad gehört mit zu dem Gesamtbestand der deutschen Gemeinden in der ehemaligen Sowjetunion. Diese Kirche hat mit Ausnahme der drei Baltischen Staaten seit 1931 keine Theologen. Bischof Kalnins als Halbdeutscher ist der einzige und ist ja auch im Baltikum, und er hat seit langem von dort aus versucht, die deutschen Gemeinden zu betreuen. Der Lutherische Weltbund in Genf hat versucht, dem eine Struktur zu geben. Seit 1988 führt Kalnins den Titel Bischof, aber das darf nicht darüber hinwegtäuschen, daß er keine Pfarrer hat."

„Wo hat Bischof Kalnins seinen Sitz?"

Beyer: „Der sitzt in Riga. Zur Hälfte ist er Deutscher, zur Hälfte ist er Lette. Er war vorher Pfarrer an der dortigen lettischen Kirche und hat die Betreuung der Deutschen nebenbei gemacht, und

116

jetzt ist er ganz für diese Aufgabe da. Und im vorigen Jahr hat er auf einer Tagung des Gustav-Adolf-Werkes in Nordhausen in einem öffentlichen Vortrag gesagt, daß nun auch im europäischen Teil der Sowjetunion deutsche Gemeinden entstehen. Lange Zeit durften die Deutschen ja nicht in den europäischen Teil, mußten im asiatischen Teil bleiben. Und er sagte den Satz: ‚Uns fehlen Mitarbeiter‘. Und ich habe ihn daraufhin gefragt: ‚Meinen Sie damit welche aus dem Ausland?‘, denn er hatte das nicht deutlich gesagt. Und er sagte: ‚Ja.‘ Die Problematik der Gemeinden hier im Osten ohne Theologen war mir nicht fremd. Erstens kenne ich sie durch meine Arbeit im Gustav-Adolf-Werk. Zweitens habe ich vor Jahren 1984 in Alma-Ata selber einen Gemeindegottesdienst erlebt. Auf der einen Seite mindestens 300 Gottesdienstbesucher, auf der anderen Seite ein Prediger, der Deutsch nicht lesen kann, und ich habe damals schon zu meiner Frau gesagt: ‚Eigentlich müßte man hier bleiben‘. Das wäre aber damals überhaupt nicht möglich gewesen. Jetzt ist es möglich, und ich habe zu Bischof Kalnins gesagt: ‚Ich bin bereit zu kommen‘. Er hat mich daraufhin bei der Landeskirche Sachsens angefordert, und die sächsische Landeskirche hat mich freigestellt. Meine Bereitschaftserklärung galt ganz allgemein für die deutsche Kirche hier in der ehemaligen Sowjetunion. Die Entscheidung für Kaliningrad hat Bischof Kalnins gefällt. Sie ist mir sehr recht.“

„Sie betreuen ja nun in dieser Gemeinde nicht etwa Deutsche, die aus Ostpreußen stammen und hier verblieben sind. Einige doch auch, aber überwiegend andere. Können Sie uns sagen, wie sich diese Gemeinde zusammensetzt?"

Beyer: „Vereinzelt sind es solche, die hier geblieben sind. Also beispielsweise eine Frau ist zu der Zeit der Vertreibung zufällig gerade in Litauen gewesen, da wurde ihre Familie vertrieben. Als sie wiederkam und sie hinterher wollte, durfte sie nicht. Sie mußte allein hierbleiben, bis heute. Eine Frau ist in Deutschland gewesen und ist dann wieder hierher gekommen, weil hier ihre alte Mutter war, die sie betreute. Besonders erschütternd ist vielleicht: es sind hier mehrere Leute, die sind als Kinder aus Brandenburg, also in Deutschland, hierher verschleppt worden. Die waren offenbar damals in Deutschland ohne Eltern. Was nicht heißen muß, daß die nicht mehr lebten, und die sind dann hier in Kaliningrad in einem Kinderheim großgezogen worden und leben heute noch hier. Mir sind zwei bekannt, für die das zutrifft. Andere sind zum Teil auch durch Mischehen hierhergekommen. Also beispielsweise, daß Offiziere hierher versetzt worden sind und die deutschen Frauen mit hierherkamen. Der Zuzug der Deutschen aus Kasachstan, das ist ein Thema für sich. Die kommen kaum hier in die Stadt. Erstens finden sie hier keine Wohnung, und zweitens ist die Haltung der Behörden den Deutschen gegenüber nicht anders als an der

Wolga. Also, wenn sie etwas finden, dann auf dem Land. Und wenn sie in der Landwirtschaft arbeiten wollen, dann hat das auch eine gewisse Aussicht. Vor allem, wenn da ein vernünftiger Direktor einer Kolchose ist. Wir haben bis jetzt eine solche Gemeinde gründen können, in der Nähe von Uschwkowo, früher Brandenburg/Ostpreußen. Dort sind auf Anhieb im Gottesdienst dreißig Erwachsene und außerdem sind auch dreißig Kinder da, alle untereinander verwandt. Die sind vor einem Jahr von Kasachstan hierhergekommen, und die Kolchose dort hat sie aufgenommen, hat ihnen Häuser zur Verfügung gestellt, die natürlich inzwischen längst überbelegt sind, weil laufend welche nachkommen. Ständig höre ich, es kommen Deutsche von Kasachstan und suchen nach Möglichkeiten und fragen nach Hilfe. Wobei sie nicht bares Geld meinen, sondern die Möglichkeit, hier Arbeitsmöglichkeiten aufzubauen. Also ganz konkret geht's darum, daß erst einmal Ziegeleien entstehen, damit man was zum Bauen hat, und dann brauchen sie eben die Ausrüstung für eine Ziegelei aus Deutschland, und sie wissen natürlich auch ganz genau, daß für die deutsche Politik zur Zeit das Thema Ostpreußen tabu ist, daß sie offiziell von dort keine Unterstützung bekommen. Sie hoffen, trotzdem welche zu finden."

„Wie stellt sich die Situation in Königsberg selber innerhalb der Gemeinde dar?"

Statt die Frage zu beantworten, holt Pastor Beyer jetzt erst einmal zu einem Schlag gegen den Verein „Eintracht" aus. So erfreulich die Existenz einer deutschen evangelischen Gemeinde in Königsberg ist, so unerfreulich ist zugleich die Tatsache, daß hier verschiedene Religionsgemeinschaften nachhaltig missionieren und sich dabei jeweils scharf zu den anderen Religionsgemeinschaften abgrenzen. Dabei erweist sich dann, daß etwa den Streitern der katholischen Kirche, die hier missionieren, die katholischen deutschen, polnischen und litauischen Gemeinden in Nord-Ostpreußen näherstehen, als die Interessen der Deutschen in ihrer Gesamtheit. Es gibt inzwischen Ortschaften in Nord-Ostpreußen, in denen Rußlanddeutsche eisern behaupten, sie hätten die Namen anderer Rußlanddeutscher, die auch in diesem Dorf wohnen, noch nie gehört. Bei Nachprüfung stellt sich dann heraus, daß die Kontrahenten verschiedenen Religionsgemeinschaften angehören und sich bis auf das Messer bekämpfen. An dieser Stelle scheint freilich die Toleranzgrenze überschritten, die man den Religionsgemeinschaften bei ihrer Arbeit sonst gerne zubilligt.

„Wir wissen, daß es einen Verein hier gibt – die ‚Eintracht' – , der auch über eine größere Zahl von Mitgliedern verfügt. Also einen gewissen Bestand an Rußlanddeutschen muß es geben in Königsberg."

„Wie groß ist Ihre Gemeinde zum Beispiel?"

So schnell läßt Pastor Beyer nicht locker: „Fangen wir bei der ‚Eintracht' an, die ich persönlich so gut wie nicht kenne. Mir ist nur erzählt worden, daß aus dieser Eintracht heraus, die ja eigentlich eine deutsche Kulturgesellschaft ist, sich unter mir nicht näher bekannten Umständen eine neuapostolische Gemeinde gegründet hat. Also mir erzählen Gemeindekinder, sie seien eingeladen worden zur ‚Eintracht', sie seien hingegangen und wurden dann dadurch überrascht, daß dort ein neuapostolischer Gottesdienst stattfand. Das hat einige Verwirrung gestiftet, und daraufhin haben dann die Lutheraner gesagt: ‚Nein, das wollten wir also eigentlich nicht, dann bilden wir eine lutherische Gemeinde. Da die ‚Eintracht' einerseits und die Neuapostolischen andererseits von ihrem Ursprung her sehr eng zusammenhängen, haben auf der anderen Seite die Lutheraner mit der ‚Eintracht' wenig Verbindung. Was ich sonst noch von der ‚Eintracht' höre, das ist ein anderes Kapitel, das lassen wir hier lieber."

Wir werden noch die schmerzvolle Erfahrung machen, daß Pastor Beyer, der ein Profi in Sachen Öffentlichkeitsarbeit ist, gerne solche Doppelstrategien betreibt, in offiziellen Interviews nur Andeutungen zu machen, auf die ihn niemand festnageln kann, dafür im kleineren Gesprächskreis um so deutlicher zu werden. Überraschen muß hier die Einschätzung, daß die Lutheraner mit der „Eintracht" wenig Verbindung hätten. Immerhin war zu diesem Zeitpunkt der Gemeindeleiter der evangelischen Kirche, Herr Rubin Stobert, gleichzeitig stellvertretender Vorsitzender der „Eintracht". Der höchste Mann der gemeindlichen Selbstverwaltung war also zugleich der zweite Mann der „Eintracht". Man darf also davon ausgehen, daß Pastor Beyer, der die „Eintracht" persönlich „so gut wie nicht" kannte, über ausgezeichnete Informationen verfügt haben dürfte.

Ich mache einen dritten Versuch: „Wie groß ist Ihre Gemeinde?"

„Die Größe. Im Gottesdienst sind wir mit ziemlicher Regelmäßigkeit fünfzig Personen. Namen haben wir einige mehr. Wenn ich es nach Familien oder Haushalten erfasse, dann habe ich jetzt etwa 45 Karteikarten, wo entweder eine Einzelperson drauf ist oder eine Familie. Ich bin dabei, durch Besuche auch festzustellen, wo es Großmutter und Kinder und Enkel gibt. Dann ist es beispielsweise so, der eine Sohn gehört mit zu unserer lutherischen Gemeinde, der andere Sohn gehört zur orthodoxen Gemeinde. Aber das sind etwa die Zahlen, die ich dazu sagen kann."

„Und wie stellt sich die Altersstruktur der Besucher Ihrer Gottesdienste dar?"

„Also mit einem Satz gesagt, nicht so alt wie in Deutschland. Es sind also eine ganze Reihe Leute mittleren Alters da, auch jüngere Leute, also insofern erfreulich. Aber ich muß jetzt da gleich wieder unsere Gemeinde bei Uschwkowo hinterher nennen. Dort sind es also fast ausnahmslos junge Leu-

te, um die Dreißig herum, die mit großer Aufgeschlossenheit da sind und kommen. Also das ist eine wahre Freude, eine solche Altersstruktur zu erleben."

„Wo können Sie in Königsberg diese Gottesdienste durchführen?"

Beyer: „Wir sind Gott sei Dank noch immer gern
gesehene Gäste bei der orthodoxen Gemeinde. Die
ursprünglich natürlich evangelische Kreuzkirche,
die noch eine Ruine ist, wird von den Orthodoxen
wieder aufgebaut. An die Kirche angebaut ist ein
Gemeindehaus, dort wohnt ein junger freundlicher
orthodoxer Pfarrer, und durch dessen Gastfreundschaft können wir dort kostenlos jeden Sonntag in
einem sehr schönen Saal unsere Gottesdienste halten. Was uns zur Zeit fehlt, sind Sitzgelegenheiten,
aber ich habe schon meine Fühler ausgestreckt,
daß wir Klappstühle bekommen. Es müssen sonst
immer fünfzehn Leute stehen. Das ist nicht bequem. Sie hören ja, daß das ein Vorteil der lutherischen Gemeinde ist, daß man sitzen kann", bemerkt er in Anspielung auf das Gespräch mit dem
alten Herrn Malinowski.

„Worin besteht Ihre Tätigkeit neben diesen Got-
tesdiensten hier innerhalb der Gemeinde?"

„Es wird in erheblicher Zahl nach Taufe gefragt.
Einmal für Kinder, zum anderen für Erwachsene.
Oder Konfirmation. Ich habe jetzt in mehreren
Gruppen Tauf- bzw. Konfirmationsvorbereitungen
laufen, abends in Wohnungen. Da wir ja keine eige-

nen Gemeinderäume haben, gehe ich zu den Leuten in die Wohnung. In zwei Fällen sind das dann die Familienangehörigen, im dritten Falle hat eine Frau ihre Wohnung zur Verfügung gestellt, daß wir uns dort mit einer Gruppe von Gemeindemitgliedern treffen können."

„Haben Sie schon Gelegenheit gehabt, sich über Königsberg hinaus ein Bild von der Situation der Rußlanddeutschen zu machen?"

Beyer: „Leider noch nicht. Das ist dringend nötig. Dadurch, daß ich nun oft abends gebunden bin, ist das natürlich auch schwierig. Es sind ja ganz schöne Entfernungen. Das geht ja bis über hundert Kilometer, und es ist in der Vergangenheit auch oftmals so gewesen, wenn das Auto intakt war, hatte ich kein Benzin, wenn ich Benzin hatte, war das Auto nicht intakt. Das hat dann eine Rolle gespielt dabei. Ich hoffe, daß ich das noch besser schaffe hinauszukommen. Nicht zuletzt auch deshalb, um mal zu sehen, wie sind diese Gemeinden eigentlich beschaffen. Sind es Gemeinden? Organisieren sie sich selbst? Spielt da der Pastor Erhardt, der früher in Kaliningrad war, eine Rolle? Kommt er zu den Gemeinden, kommt er nicht zu den Gemeinden? Das sind für mich noch offene Fragen. Die Situation des Pastor Erhardt ist ja rechtlich ungeklärt. Bischof Kalnins hat mich hier an seiner Stelle eingesetzt, ohne ihn aber des Amtes zu entheben, so daß er sich noch als Pfarrer von Königsberg, also Kaliningrad, betrachtet." Ein nachdenklich stimmender Versprecher insofern, als Pastor Erhardt sich in der Tat als Pastor von „Königsberg" und nicht wie Pastor Beyer als von „Kaliningrad" verstand. „Er soll es aber nach dem Willen des Bischofs nicht mehr sein. Und der Bischof hat nichts dagegen, daß er dort arbeitet, wo er wohnt. Aber dort, wo er wohnt, sind keine Evangelischen."

„Das ist in Liebenfelde?"

„Das ist in Liebenfelde. Da spielt dann auch der Streit um das Auto eine Rolle. Aber da sind wir dann auch schon bei den Querelen, die wir lieber außen vor lassen." Da ist er wieder, der versöhnende und versöhnliche Pastor Beyer, der geschickt seine Stichwörter „Dort sind keine Evangelischen" und „Streit um das Auto" in das Gespräch einfließen läßt, um dann rasch seine Erhabenheit über diese Niederungen zu betonen.

„Welche Bedeutung hat es nun für Sie persönlich, hier in einer 850 Jahre alten deutschen Stadt als Pfarrer tätig zu sein, in der Sie heute ja eine winzig kleine Gemeinde betreuen und in der heute eine russische Bevölkerung lebt? Welche historische oder emotionale Bindung ergibt sich für Sie aus dieser merkwürdigen Tätigkeit?"

„Zunächst zum Alter der Stadt. Königsberg ist 1255 gegründet. Sie haben ein paar Jahre aufgeschlagen. Wenn ich gefragt wurde, wie es mir hier gefällt, dann ist es schwer auf die Frage zu antworten. Nun bin ich noch am Anfang des Winters gekommen, wo die Stadt grau ist, wie jede Stadt. Ich hoffe, daß das Frühjahr mich dann etwas entschädigt. In einem Satz gesagt, weil Sie gerade das Emotionale ansprachen, ich empfinde nicht, daß ich in Königsberg bin. Denn Königsberg – in einem Satz gesagt – existiert nicht mehr, und ich spreche deshalb auch konsequent von Kaliningrad. Das russische Übergewicht ist so erdrückend, und obendrein ist es noch so, daß die Deutschen, die hier sind, in ihrer überwiegenden Mehrheit ja auch russisch sprechen. Also ein Empfinden, daß das hier eine deutsche Stadt ist, kommt schwer auf. Das kommt auf, wenn ich einmal so ein altes deutsches Haus sehe oder auch von innen erlebe. Ganz besonders eindrucksvoll war mir das Erlebnis des Bahnhofs, das war ein echter deutscher Bahnhof, jedenfalls in seinem Gesamtbild. Im einzelnen dann eben auch nicht unbedingt. Also emotional spielt das eine geringe Rolle, daß ich in Königsberg bin. Ich bin in einer deutschen Gemeinde, in einem Land, das eben doch sehr stark russisch ist."

Jeder Leser, der dieses Interview in meinem Film „Ostpreußen – Neue Heimat der Rußlanddeutschen" sieht, dem werden das selbstbeherrschte Auftreten Pastor Beyers, seine sichere, fast druckreife Wortwahl auffallen, die den Eindruck erwecken kann, die Fragen dieses Interviews hätten Pastor Beyer schon vorab vorgelegen. Herr Beyer ist ein fähiger und kluger Mann, der sich zu seiner Königsberger Tätigkeit bekennt und sich der mühsamen Aufbauarbeit einer deutschen Ge-

126

meinde dort stellt. Schade ist, daß er offensichtlich keine emotionale Beziehung zu dieser Stadt hat. Aber dieser Mann hat zwei Gesichter. Wir erleben nun nämlich eine große Überraschung.

Nach Abschluß der Filmaufnahmen beginnt ein völlig anderer Pastor Beyer zu uns zu sprechen. Eben noch in wohlgesetzten Worten als Repräsentant seiner Kirche agierend, veranstaltet er nun einen wenig staatstragenden Parcours-Ritt, deftig, in weiten Teilen durchaus sympathisch, manchmal nicht zitierfähig, so daß die Wiedergabe dieses Rundumschlages hier unvollständig bleiben muß. Über Pastor Erhardt, den wir zu diesem Zeitpunkt noch nicht persönlich kennengelernt haben, weiß er von regem Alkoholkonsum zu berichten. Pastor Erhardt war als Gründungspfarrer der evangelischen Gemeinde in Königsberg durch Bischof Kalnins eingesetzt worden. Als theologischer Laie war er einstmals von Bischof Kalnins persönlich gefördert worden, so daß zwischen beiden eine väterliche Beziehung bestand. Als Pastor Erhardt aus gesundheitlichen Gründen – wobei Alkohol auch eine Krankheitsvariante sein kann – seine Aufgaben nicht mehr wahrnehmen konnte, wurde die vakante Stelle durch Pastor Beyer ausgefüllt. Bischof Kalnins konnte es aber nicht übers Herz bringen, Pastor Erhardt abzuberufen. Nun hat Königsberg zwei evangelische Pfarrer, beide ordnungsgemäß eingesetzt, keiner von ihnen abberufen. Was sie sich gegenseitig vorwerfen, ist wenig schmeichelhaft und soll hier angesichts der Bedeutung, die eine funktionierende deutsche evangelische Gemeinde in Königsberg besitzt, auch nicht wiedergegeben werden. Hier sei nur soviel bemerkt, daß Pastor Beyer der Meinung ist, daß ein himmelweiter Unterschied bestünde, ob man als ehemaliger Königsberger (Pastor Erhardt) hierher käme und so eine Art ostpreußische Mission erfüllen wolle oder ob man einfach als Seelsorger abkommandiert würde in eine nunmehr russische Stadt und hier seelsorgerische Arbeit leisten würde. Das, was von dieser Stadt übrig sei, sei eine rein russische Stadt und habe mit dem alten Königsberg kaum etwas gemein.

Als ehemaligem DDR-Pfarrer, der sicherlich froh war, das SED-Regime hinter sich zu haben, ist ihm natürlich das hiesige politische System ein Dorn im Auge. Er betont, daß hier das alte System noch voll an der Macht sei und keinerlei Anstalten machen würde, irgendwelche Veränderungen herbeizuführen. Auch uns war bereits aufgefallen, daß Marx und Lenin hier zum täglichen öffentlichen Erscheinungsbild gehörten. In diesem Zusammenhang beurteilt er die Rolle Boris Jelzins außerordentlich kritisch, den er für einen Opportunisten hält. Er äußert auch seine Befürchtung, daß die desolaten Verhältnisse nicht nur am System lägen, sondern daß den Russen überhaupt schwer zu helfen sei, und daß hier wohl alles zusammenbrechen würde und die Russen es wohl auch nicht anders verdient hätten.

V. l.: Wilhelm Molko, seine Enkeltochter Irene Molko, Verleger Dietmar Munier vor dem Landstallmeisterhaus in Trakehnen

Die russische Neubausiedlung in Trakehnen, in der, vorne links im Bild, auch Familie Molko lebt

Straße durch den „neuen" Teil von Trakehnen. Links die Milchkannen der rußlanddeutschen Siedler

Blick auf die Ställe und Bretterverschläge, in denen die Rußlanddeutschen ihr Vieh halten

Rußlanddeutsche Jungunternehmer aus der Gegend von Trakehnen, links Vitalij Holzmann

Rußlanddeutsche aus dem Betrieb Holzmanns auf selbstbewirtschafteten Flächen in Amtshagen bei Trakehnen

Zur Lagerung von Hilfsgütern und Baustoffen hat die Aktion „Deutsches Königsberg" in Trakehnen diese 450 Quadratmeter große Halle errichtet. Hier werden u. a. hochwertige Hilfsgüter, wie Maschinen, gewartet und kostenlos an Rußlanddeutsche ausgeliehen

Zur Bewältigung des Aufkommens an Hilfsgütern wurde aus Mitteln der Aktion „Deutsches Königsberg" ein 7,5-Tonner-LKW mit Ladebordwand angeschafft, der ständig im Einsatz ist

Entladung des Lastwagens nach Ankunft in Trakehnen

Typische rußlanddeutsche Großfamilie, 2. v. l.: Johannes Schwarz, 2. Vorsitzender des „Rußlanddeutschen Kulturvereins Trakehnen"

V. l.: Wilhelm Molko, Vorsitzender des „Kulturvereins", mit Frau Holzmann und einem bundesdeutschen Helfer

Bei einer gemeinsamen Erkundung des Baugeländes ist der Wagen des Sow-
chos-Direktors von der Straße abgekommen. Rechts: Sowchos-Direktor Grischitschkin

Gartenbau der Rußlanddeutschen in Schwichowshof bei Trakehnen

Rußlanddeutsche decken in Schwichowshof ihr Haus mit gesammelten alten deutschen Dachpfannen neu ein. Ein erfreuliches Bild, da sonst alles mit Wellblech gedeckt wird

Wir sind ein wenig überrascht über die Radikalität seines Standpunktes und wenden ein, daß es doch lange fruchtbare Phasen guter deutsch-russischer Zusammenarbeit gegeben habe, an die es erfolgreich anzuknüpfen gelte. Ostpreußen, so betone ich, komme dabei der Modellcharakter einer erfolgreichen deutsch-russischen Zusammenarbeit zu. Insofern könne man sich das von ihm prognostizierte Ende der Russen eigentlich nicht wünschen. Aber hier sitzen für Pastor Beyer wohl die persönlichen Lebenserfahrungen zu fest, die er als Pastor in der russisch dominierten DDR machen mußte.

Unterstreichen können wir dagegen seine herbe Kritik an bundesdeutschen Behörden, Institutionen und Spendern, die glauben, durch Unterwürfigkeit der russischen Regierung gegenüber irgendetwas verändern zu können. Natürlich, meint Pfarrer Beyer, würde man auf russischer Seite alles, was man an Hilfsgütern und Geld bekommen könne, gerne nehmen. Das gelte für das alte sowjetische System genauso wie für den jetzigen russischen Staat. Aber es würden in beiden Fällen keinerlei Gegenleistungen stattfinden; das zu erwarten, sei eine Illusion. Dagegen lobt er die Standfestigkeit der Japaner, die gesagt hätten, kein einziger Yen, bevor die Kurilen nicht zurückgegeben werden. Das, so Pastor Beyer, sei die Sprache, die die Russen verstünden. Noch weniger schmeichelhaft kommen die Polen bei ihm davon. Auf ihre Arbeitswut angesprochen bemerkt er, unter Anspielung auf die Schöpfungsgeschichte, wörtlich: „Als der Fleiß verteilt wurde, sind die Polen wohl gerade nicht dabei gewesen."

Damals ahne ich noch nicht, daß auch ich einmal auf die Abschußliste von Pastor Beyer geraten würde. Als wir uns einen Monat später bei einer zweiten Filmreise mit meinem Team im Hotel „Kaliningrad" wiedertrafen, begrüßte er mich noch herzlich. Er war deprimiert über die geringe Resonanz seiner Arbeit und auch hilflos, Unterstützungsangebote von westdeutschen Besuchern praktisch umzusetzen.

„Mir fehlt jeder wirtschaftliche Sachverstand", betonte er, „und hier sind auch weit und breit keine Menschen, die etwas davon verstehen".

Mein inzwischen herangereiftes Konzept zur Ansiedlung von rußlanddeutschen und westdeutschen Unternehmen in Trakehnen nahm er begeistert auf.

„Hier kommen zu viele Leute mit ‚guten Ideen' her und zu wenige mit wirklichem Sachverstand. Ich freue mich, daß Sie, als junger mittelständischer Unternehmer, hier mithelfen wollen."

Er bat um meine Adresse und meine Telefonnummer, um ernsthafte Kontakte weitervermitteln zu können. Er tat mir leid in seiner schlechten Verfassung. Sein Erscheinungsbild entschuldigte er mit der Abwesenheit seiner Frau, die ja in Dresden geblieben sei. Als er erwähnte, daß er überlege, wie lange er noch in Königsberg bleiben solle, war ich alarmiert. Ich schob die Wodka-Flasche, aus der er sich während des kurzen Gespräches zweimal nachgeschenkt hatte, zur Seite und lud ihn zum Essen ein. Er nahm das Angebot an, und ich nutzte die Gelegenheit, die Wichtigkeit seiner hiesigen Aufgabe zu betonen, und appellierte eindringlich an ihn, auf keinen Fall die deutsche Gemeinde ohne eingearbeiteten Ersatz im Stich zu lassen.

Daß Pastor Beyer später gegen die Bezeichnung Aktion „Deutsches Königsberg" polemisierte, habe ich ihm nicht übel genommen. Die „Angst vor der eigenen Courage" scheint eine ausgeprägte deutsche Eigenschaft zu sein. Statt seine eigene Position zu formulieren und zu vertreten, überlegt man angestrengt, ob man mit dieser Position womöglich mit den Interessen anderer Länder kollidieren könnte. Dann macht man sich der Einfachheit halber gleich die Interessen der anderen Länder zueigen. Ich habe diesen Mechanismus in Gesprächen über Nord-Ostpreußen in den letzten Monaten unzählige Male miterlebt. Man spricht mit bisher uninformierten Menschen über das Problem. Sie sind spontan begeistert über die Möglichkeit, daß sich Rußlanddeutsche in diesem Landstrich ansiedeln. Sie zeigen sich dann im Gespräch verblüfft darüber, daß die deutsche Regierung dies nicht unterstützt. Wenn man dann erwähnt, daß es einen starken polnischen Widerstand gegen diese Ansiedlung gäbe, weil Polen den Zustand der Vertreibung der Deutschen sowohl aus Süd-, als auch Nord-Ostpreußen unbedingt verewigen wolle, dann ist nicht etwa die Reaktion: „Nun ja, das ist das polnische Interesse, aber wir haben halt ein anderes, deutsches Interesse", sondern man macht sich ohne weiteres Nachdenken die polnische Position zueigen: Wenn die Polen die Ansiedlung Rußlanddeutscher in Nord-Ostpreußen nicht gerne sehen, dann sollten wir das auch nicht unterstützen.

Ganz ähnlich ist das mit der Bezeichnung unserer Hilfsaktion Aktion „Deutsches Königsberg". Nichts anderes als der Plan der russischen Bevölkerung Königsbergs, diese Stadt vom russischen Kaliningrad ins deutsche Königsberg umzubenennen, stand Pate bei der Namenswahl unserer Aktion. Von einer „Rückkehr der deutschen Zunge" nach Nord-Ostpreußen durch den Zuzug von Rußlanddeutschen und von einer „neuen Heimat" für die Rußlanddeutschen habe ich in meinen Rundschreiben geschrieben. Interessierte Kreise haben daraus flugs die angebliche Forderung gemacht, Königsberg müsse wieder deutsch werden, um dann zu lamentieren, die armen Russen würden durch solche Parolen verängstigt. Das Bedenkliche daran ist nicht nur die deutsche Neurose, die zunächst wertfreie Bezeichnung „Deutsches Königsberg" zu einem politischen Plan umzuinterpretieren. Das Hauptproblem ist auch nicht, daß diese Leute gleich in schlotternde Angst ausbrechen, diese Interpretation könne die Russen erschrecken;

hier muß nur ganz nüchtern daran erinnert werden, daß es eine russische Idee ist, das russische Kaliningrad in das deutsche Königsberg rückzubenennen. Wirklich schlimm ist dagegen, daß solche „interessierten Personen" mit diesen von ihnen selbst in die Welt gesetzten Parolen bei russischen Einflußträgern aktive Propaganda gegen ihre eigenen deutschen Landsleute machen. Da wird dann hinter vorgehaltener Hand gemauschelt: „Es gibt halt verschiedene Deutsche. Ich selber gehöre zu den guten Deutschen, die nur Hilfsgüter abgeben oder lukrative Geschäfte machen wollen. Warnen dagegen möchte ich Sie vor finsteren Revanchisten, die fordern, daß Königsberg wieder deutsch werden müsse." So biedern sich Scheinheilige und Geschäftemacher bei Russen an, ernten damit in der Regel zwar nur Verachtung, geben aber leider auch ein Bild der völligen moralischen Verlotterung. Frei nach dem Motto: Bei den Deutschen spielt einer den anderen gegeneinander aus. Schade, daß Pastor Beyer in diesem traurigen Chor mitheult.

Schlimmer ist, daß Pastor Beyer inzwischen sogar seine Andachten zum Forum genommen hat, neben vielen anderen Personen und „Feindbildern" auch vor unserer Hilfsaktion zu „warnen" und uns ins radikale Eck zu stellen. Hier haben wir die fatale Entwicklung, wie wir sie auch in westdeutschen Gemeinden beobachten können. Politisierende Pfarrer agitieren von der Kanzel herab und scheren sich nicht um die von ihnen selbst propagierten Gebote, statt zu versöhnen und die ihnen anvertraute Gemeinde seelsorgerisch zu betreuen.

Zurück bleibt das unstete Bild eines Mannes mit vielen Gesichtern: Nachdem inzwischen seine Andachten zu Zweidritteln von Heimatvertriebenen auf ihrer Heimaturlaubsreise besucht werden, spricht angeblich auch Pastor Beyer von Königsberg als von „Königsberg" (sagen Besucher seiner Andachten); als Pastor von Dresden nach Königsberg zu gehen, bis die Diskussion um Stasi-Zusammenarbeit in der Kirche beendet sei, wäre ein starkes Motiv (sagt ein Pfarrerkollege); er habe sich als Kirchenmann in Dresden stark in ökologischen Fragen engagiert, was von der SED nicht gerne gesehen wurde (sagt ein bundesdeutscher Besucher); er sei in finanzielle Unregelmäßigkeiten in der Königsberger Gemeinde verwickelt (sagt sein Gemeindevorsteher); er sei innerhalb der evangelischen Kirche vom Pastor zum Probst befördert worden (stand in einer Heimatzeitung); er sei ein arroganter und rechthaberischer Mann (sagt ein Pfarrerkollege); er sei eindeutig patriotisch eingestellt (sagt ein Jornalist, der ihn gesprochen hat); er hoffe, daß möglichst viele Wolgadeutsche nach Nord-Ostpreußen kämen. Er sehe auch seine eigene Aufgabe darin, sie dazu zu bewegen, dort zu bleiben und nicht weiterzugehen nach Westdeutschland (sagte er zu mir).

Sollte dieser letzte klare, mutige Satz nicht Anlaß genug sein, alle unwürdigen Querelen ruhen zu lassen und jeder an seiner Stelle der großen Aufgabe nachzugehen, die historische Stunde zu erkennen, und verantwortungsvoll und gewissenhaft seine Pflicht zu erfüllen?

Bilder einer Stadt

Nach einer kurzen Nacht holen Edith und ihr Vater uns in unserem Quartier ab.

Jurij Malinowski hat uns eine kleine Wohnung, die er vor kurzem erhalten hat, überlassen. Es ist eine Ein-Zimmer-Wohnung mit Küche, die er im Moment renoviert. Sie zeigt die typischen Erscheinungen einer russischen Königsberger Wohnung. Aus den Wasserhähnen kommt, wenn überhaupt, nur tröpfchenweise Wasser; dafür laufen die Heizkörper ständig auf vollen Touren. Temperaturregler sind nicht eingebaut. Zwangsläufig wird es in der kleinen Wohnung unerträglich warm, so daß wir die ganze Nacht über das Fenster geöffnet halten, um eine gleichmäßige, erträgliche Temperatur zu erreichen.

Edith und ihr Vater durften bei Jurijs Eltern übernachten. Sie haben ein gutes Frühstück genossen und haben folglich wesentlich bessere Laune als wir, die wir nicht einmal eine Tasse Tee kochen konnten.

Über Nacht hat es geschneit. Mein Gott, wie lange hat es bei uns zu Hause nicht mehr geschneit; in diesem Winter überhaupt noch nicht. Königsberg und Schnee, Bilder, die sich herrlich zusammenfügen und eine wundersame Stimmung ergeben, so, als habe man das alles schon einmal erlebt, als wäre da etwas Vertrautes, Anheimelndes.

Ein herrlicher, klarer, klirrend kalter Tag zieht auf. Ein paar Stunden verbringen wir ziemlich nutzlos im Büro der Firma, in der Jurij arbeitet. Ich will der Firma eine größere Anzahl von zweisprachigen Königsberger Stadtplänen zum Vertrieb in Deutschland abkaufen. Die Firma soll mir dafür Umschläge aus Karton drucken und die Stadtpläne dort hineinkleben. Dieser Auftrag, der bei einer hiesigen Druckerei eine Absprachezeit von 10 Minuten erfordern würde, beschäftigt uns hier fast den ganzen Vormittag. Das liegt weniger an der Sprachbarriere; Edith übersetzt wie immer excellent und schnell in beide Richtungen. Schwierigkeiten bereitet dagegen die Vorliebe unserer russischen Partner, einfache Sachen kompliziert zu machen.

Zunächst werden uns sämtliche Direktoren der Firma vorgestellt und überreichen uns ihre Visitenkarten. Minuspunkt für mich: Ich besitze keine Visitenkarten, bin bisher immer ohne Mercedes und Visitenkarten ausgekommen, was mich augen-

scheinlich etwas deklassiert. Nach endloser Wartezeit erhalten wir Tee, bei dem es dem Teebeutel
nicht gelingt, den schauderhaften Geschmack des
Königsberger Wassers zu übertünchen. Es folgen
ermüdende Diskussionen mal mit diesem, mal mit
jenem Direktor über die Perspektiven einer mögli-
chen Zusammenarbeit. Die Vorschläge beginnen
im Bereich von Büchern und Drucksachen und
führen über sämtliche Branchen, die ich jeweils
mit freundlicher Abwehr quittiere, bis zu Immobi-
lien und so exotischen Tätigkeiten wie die eines Be-
erdigungunternehmens. Ich bemühe mich, meinen
Gesprächspartnern klarzumachen, daß ich lediglich das Projekt mit dem Stadtplan abwickeln will,
um bei Erledigung des Auftrages zu sehen, mit
wem ich es zu tun habe. Nun werde ich wortreich
mit Qualitätsbeteuerungen und erneuten weit-
schweifigen Erklärungen über die „Perspektiven
unserer Zusammenarbeit" überschüttet. Mir beginnt meine schöne Zeit davonzulaufen, während
die Direktoren die inzwischen von Edith übersetz-
ten Vertragspapiere prüfen. Das „Unternehmen",
eine Privatfirma, befindet sich in zwei sich schräg
gegenüberliegenden Räumen an einem langen Flur
mit weiteren Büros anderer Firmen. Neben den vier
oder fünf Direktoren, unser Jurij ist einer davon,
beschäftigt die Firma noch zwei Schreibkräfte.
Welchen Geschäften sie wirklich nachgeht, bleibt
zunächst undurchsichtig. Sie scheint einige Ver-
kaufskioske für Zeitschriften in Königsberg zu be-

treiben. Auch jenes Etablissement mit „Ballett" im Königsberger Schwimmbad wird von ihr betrieben.

Als endlich der Vertrag in zwei Sprachen unter Dach und Fach ist, atme ich auf.

Jurij beginnt eine kleine Stadtführung mit uns. Bei strahlendem Sonnenschein können wir einige Filmaufnahmen von noch erhaltener deutscher Bausubstanz machen.

Die Innenstadt von Königsberg ist so nachhaltig und gründlich zerstört worden, daß von der alten Struktur der Straßen nichts mehr zu erkennen ist. Der Moskauer Prospekt, an dem die Firma ihr Büro hat, verläuft ungefähr dort, wo früher die Straßen Unterlaak und Oberlaak verliefen. Wir fahren von dort aus durch die Friedrich-Ebert-Straße, die Pillauer Straße und biegen rechts in die Goethestraße und bald darauf wieder rechts in die Lawsker Allee ein. An der Luisenkirche halten wir. Sie befindet sich in gutem renovierten Zustand. Sie beherbergt heute ein Puppentheater.

Durch die Schillerstraße und Hagenstraße fahren wir in den nördlichen Teil Mittelhufens. Mein Vater und meine Großeltern haben dort in der Gerhardstraße gewohnt. Heute haben wir Probleme, überhaupt die Straße wiederzufinden. Es stehen dort noch einige ältere Mehrfamilien-Mietshäuser aus deutscher Zeit. Allerdings ist die ganze Gegend überwiegend mit drei- bis viergeschossigen Wohnhäusern bebaut. Es ist unmöglich, sich hier als

Ortsunkundiger sicher zu orientieren. Wir fahren ein kleines Stück auf der Hindenburgstraße stadtauswärts und biegen dann links in die Robertstraße und noch einmal links in die Luisenallee ein, auf der wir in Richtung Innenstadt zurückfahren. Hier zwischen Amalienau und Mittelhufen findet sich noch allerhand deutsche Bausubstanz, meistens einzeln stehende Bürgerhäuser und Villen.

In der alten Johanna-Ambrosius-Schule in der Luisenallee hat Jurij auf meinen Wunsch hin ein Treffen mit Igor Emilianow arrangiert. Igor ist Programmierer, auf seinem Schreibtisch steht ein westlicher Computer mit Laserdrucker; seine Frau Hellena Katarushkina war Redakteurin der „Königsberger Prawda" und ist jetzt als freie Malerin und Schriftstellerin tätig. Igor ist ein schmaler Typ mit dunklen, halblangen Haaren, die eng am Gesicht anliegen. Er trägt eine schwarze Brille und möchte zunächst auf Englisch mit uns reden. Meine Englischkenntnisse sind seit meiner Schulzeit nicht gerade besser geworden. Deshalb halten wir es so, daß Edith das, was Igor in einem hohen, leicht singenden Stimmton von sich gibt, für uns übersetzt. Wenn sie einen Satz übertragen hat, beginnt Igor sofort mit dem nächsten. Er macht keine Pause, in der man ihn unterbrechen und eine Frage stellen könnte.

1991 war ich begeistert und aufgewühlt, als mir Ronald Heidemann, der Autor des Buches „Verbotenes Königsberg", aus Königsberg den Kalender

„Die alte Städte" mitbrachte. Der Kalender zeigt historische Ansichten aus einem alten Gräfe & Unzer-Bildband aus den 30er Jahren, mit dem Titel „Königsberg. Das Gesicht der östlichsten Großstadt Deutschlands". Neben diesen deutschen Stadtansichten von Königsberg sticht vor allem das Kalendarium hervor. Es zeigt das Wappen von Königsberg mit dem darunterstehenden Schriftzug „Königsberg/Pr.", außerdem die Monatsbezeichnung in russischer und deutscher Sprache. In dem ganzen Kalender sucht man das Wort „Kaliningrad" vergeblich. Besonders der kleine, eigentlich selbstverständliche Zusatz „Pr." hatte mich 1991 gefesselt. Da hatten die russischen Herausgeber dieses Kalenders jenen deutschen Kernstaat Preußen, die Seele des Deutschen Reiches, der 1947 durch alliierten Kontrollratsbeschluß als aufgelöst und verboten erklärt worden war, in ihrem Kalender wieder aufleben lassen. In einem zweiseitigen Essay, allerdings nur in russischer Sprache, werden die Geschichte und unvergleichliche Schönheit Ostpreußens beschrieben, ja man möchte sagen – besungen. Dieses Essay ist eine einzige Liebeserklärung an Ostpreußen.

Seitdem hatte mich die Frage umgetrieben, was für Menschen es wohl gewesen sein mochten, die auf die Idee gekommen waren, einen solchen Kalender zu veröffentlichen. Nun stehe ich vor einem von ihnen. Igor erzählt, daß er und seine Frau die Idee mit dem Kalender „Die alte Städte" – ein

Grammatikfehler im Titel, wie er heute weiß und bedauert – gehabt habe. Seine Frau, die Redakteurin bei der „Königsberger Prawda", hat den Gedanken innerhalb der Redaktion offensiv vertreten. Dazu muß man wissen, daß die „Königsberger Prawda" zugleich die einzige brauchbare Druckerei Königsbergs besitzt. Natürlich ist das ganze Unternehmen auch fest in der Hand der Kommunistischen Partei. Hier fallen also nicht nur die Entscheidungen über Druckkapazitäten, sondern zum Beispiel auch über Papierzuteilungen. Vor zwei Jahren entschied sich die Redaktion, diesen Kalender „Die alte Städte" herauszugeben. Die hohe Auflage von 40.000 Exemplaren wurde restlos verkauft. Leider erschien der Kalender trotz seines großen Erfolges nur in einem einzigen Jahrgang. Der Direktor der Königsberger Prawda hatte dann das Projekt an sich gezogen und wollte es zusammen mit einem bundesdeutschen Verlag „intensivieren". Das scheint das typische russische Vokabular zu sein, mit dem endlos über geplante Projekte palavert wird, ohne daß sich etwas konkretisiert. Igor würde das Projekt gerne wieder aufleben lassen, was aber wohl nur ohne die „Königsberger Prawda" möglich sein dürfte. Solange es keine vergleichbaren Druckkapazitäten in Königsberg gibt, liegt die Geschichte leider auf Eis.

Ich versuche zu ergründen, wie Igor und seine Frau, diese jungen, etwa dreißig Jahre alten Leute, auf die Idee gekommen sind, einen solchen deutschen Kalender in Königsberg herauszubringen. Aber mit theoretischen Diskussionen stößt man hier bei solchen Fragen schnell an Grenzen. Da ist einfach das Gefühl gewesen, daß es eine gute Sache wäre, dieser gesichtslosen und vergangenheitslosen Stadt wieder ein Stück von seiner Geschichte und von seiner Seele wiederzugeben; so etwa ließe sich das Credo von Igor und Hellena umreißen. Mit Geschäftstüchtigkeit, wie böse Zungen meinen, dürfte dieses Unternehmen kaum etwas zu tun haben. Als der Kalender im Herbst 1990 erschien, war die Stadt noch für Touristen geschlossen, die 40.000 Kalender wurden nahezu ausschließlich an hier wohnende Russen verkauft. Die Zielgruppe deutscher Touristen gab es damals noch nicht, da waren es erst Einzelne, die teilweise auf abenteuerlichem Wege in die Stadt gelangten. Diese jungen russischen Intellektuellen, die auch die Rettung deutscher Kulturdenkmäler teilweise in eigene Hände genommen haben, versuchen so etwas wie eine Identitätskrise zu meistern. Sie sind in dieser Stadt geboren und stellen nun fest, daß sie hier keine Wurzeln haben. Diese Menschen begegnen uns mit großem Freimut, von etwaigen Befürchtungen oder Vorurteilen gegen uns Deutsche ist nicht das Geringste zu spüren. Diese Menschen spüren und erhoffen die in der Luft liegenden Veränderungen für die ganze Region.

Die nächste Station unserer Fahrt führt uns auf der Hufenallee entlang zum Tiergarten. Wir wollen einen Blick hineinwerfen und sind über den schlechten Pflege- und Ernährungszustand der Tiere erschüttert. Der größere Teil der Bauten im Freigelände scheint aus deutscher Zeit zu sein, einige asiatisch anmutende Bauwerke haben sich inzwischen dazugesellt. Wir filmen einige putzige Braunbären und einen riesigen Eisbären, der sich eigens für uns aufrichtet, um seine majestätische Größe zu zeigen. Über Deutschordenring und Friedrich-Ebert-Straße geht es zurück zum Ausgangspunkt.

Nach einer kurzen Absprache mit Ediths Vater, der hier in seinem Auto vorsichhinfriert und unser Gepäck bewacht, brechen wir ein weiteres Mal mit Jurij zusammen auf. Am Haberberg soll im „Kulturhaus" das Büro von Viktor Hoffmann, dem Vorsitzenden des Vereins „Eintracht" sein. Mit Viktor Hoffmann würden wir gerne ein Gespräch führen. Nicht zuletzt um uns selber einen Eindruck von dem Mann zu machen, der uns als schillernde Persönlichkeit beschrieben wurde. Im „Kulturhaus" finden wir kein Büro von Viktor Hoffmann. Wir werden dort jedoch von einem älteren Mann auf deutsch angesprochen. Henning fragt ihn, ob er Rußlanddeutscher sei.

„Nein, nein", wehrt er ab, er sei Russe, aber er sei im Krieg als Ostarbeiter in Deutschland gewesen.

Da unsere Geschichte, will man den etablierten Medien glauben, nur aus dunklen Kapiteln besteht, nutzen wir die Gelegenheit, hier etwas Nachhilfe aus erster Hand zu nehmen. Es entspinnt sich folgendes Gespräch: „Wie heißen Sie?"

Der Mann versteht die Frage nicht, beginnt jedoch sofort zu erzählen: „Ich bin nach dem Krieg herausgefahren mit dem Zug in die Stadt Königsberg, im November 1945 hierher. Ich heiraten hier und haben schon drei Kinder, und meine Kinder haben noch Kinder."

„Und Sie sind direkt von Deutschland hierhergekommen 1945?"

„Ja, ich sage, aus Deutschland haben sie gefahren."

„Was haben Sie in Deutschland als Ostarbeiter gemacht?"

„Bei VW gearbeitet."

„Auch während des Krieges?"

„Ja. Und dann fahren wir meist Feuerwehr."

„Bei einem Feuerwehrkommando?"

„Ja. Bei uns fahren die Feuerwehrmaschinen, nachdem die amerikanischen Bomben gekommen sind."

„Haben Sie das Feuer gelöscht?"

„Nein, das Feuer haben wir nicht gelöscht. Das war deutsche Sache. Aber wir haben die zerstörten Bäume weggeräumt und die Löschteiche leergegraben mit Schaufeln. Ach, ich habe vergessen deutsche Sprache."

„Doch, doch, Sie sprechen gut Deutsch! Also, Sie waren Ostarbeiter in Deutschland, und sind Sie für Ihre Arbeit bezahlt worden?"

„Ja. 30 Mark."

„Und Kleider?"

„Ja. Arbeiterkleider."

„Und wo haben Sie gewohnt?"

„In der Stadt Bochum."

„Wieviele Personen, wieviele Kameraden haben mit Ihnen geschlafen?"

„Dreißig Kameraden haben immer in einer Baracke geschlafen."

„War die Baracke geheizt?"

„Es war gut. Der Ofen war da."

Wir versuchen noch irgend etwas Schreckliches aus dem Mann herauszulocken, aber er erzählt uns ständig nur lächelnd Freundlichkeiten, betont wiederholt „Deutschland gut" und freut sich riesig, daß er uns getroffen hat. Es gibt sie noch, die Zeugen der Zeit. Aber kein deutsches Fernsehen holt sie vor die Kamera und kein deutscher Rundfunk vor die Mikrofone. In der deutschen Medienlandschaft ist die Zeit im Jahre 1945 mit der alliierten Invasion und der alliierten Umerziehung stehengeblieben.

Im ehemaligen Haus der Technik am Wallring befinden sich heute die Markthallen von Königsberg, die diesen Namen eigentlich nicht verdienen. Im Wesentlichen handelt es sich um einige kümmerliche private Stände, auf denen auffällig viele Asiaten Apfelsinen, Tomaten, getrocknete Früchte, Nüsse, Kräuter, Äpfel, Kartoffeln und ähnliches anbieten. Auf den ersten Blick kann der westdeutsche Besucher glauben, daß es an nichts mangelt, denn für deutsche Portemonnaies sind diese Waren gut erschwinglich, man kann sie geradezu billig nennen. Ganz anders sieht das natürlich für die Geldbörse eines Königsberger Bürgers aus. Der Preis für ein Kilo Apfelsinen verschlingt fast einen russischen Monatslohn. Wir decken uns reichlich mit Obst, Gemüse und Trockenfrüchten ein, damit wir unsere Freunde in Trakehnen damit beschenken können und um einige Mitbringsel für unseren morgigen Besuch in Gilge zu haben. Außerhalb des Hauses der Technik schließt sich ein ausgedehnter Schwarzmarkt an. Hier kann alles Mögliche und Unmögliche gekauft oder getauscht werden. Überall werden einem von alten Mütterchen Wodka-Flaschen entgegengehalten, Geldwechsler bieten ihre Dienste an, und man tut gut daran, sein Geld tief in die Tasche zu drücken und seine Kamera fest am Mann zu halten, denn das Gelände wimmelt von undurchsichtigen Gestalten mit durchschaubaren Absichten.

Bevor es dunkel wird, wollen wir noch Schloß Holstein aufsuchen. Das Anwesen des Bruders meines Großvaters liegt direkt am Pregel kurz vor der Mündung in das Frische Haff. Nach der Karte scheint es ganz einfach zu sein, dorthin zu gelangen. Wir müssen über den Deutschordenring bis zum Holsteiner Damm fahren und dann immer am Pregel entlang bis zum Schloß Holstein. Direkt am Ende des Deutschordenringes beginnt der Hafenbereich.

Beim Blick auf den Hafen hat man erstmals in Königsberg das Gefühl wirklichen Lebens. Überall ragen Masten und Kräne in den Himmel, überall sind Lärm und reges Treiben. Eine Zeitlang schauen wir von der Reichsbahnbrücke aus auf den Pregel hinunter. Dann fahren wir auf dem Holsteiner Damm entlang in Richtung Westen. Gegenüber erhebt sich die eindrucksvolle Silhouette der Gruppenspeicher, die immer noch so etwas wie ein Wahrzeichen des Hafens bilden. Doch dann wird unsere Fahrt jäh unterbrochen. Etwa in Höhe der Arndtstraße ist der Holsteiner Damm gesperrt. Ein ausgedehntes Firmengelände ragt hier bis direkt an das Wasser. Um Groß-Holstein zu erreichen, müssen wir zunächst nach Juditten und von dort aus ein kleines Stück in Richtung Moditten, bevor wir wieder in Richtung Pregel abbiegen können. Dann geht es noch knapp zwei Kilometer am Pregel entlang, bis wir am Schloß Holstein ankommen, das in einem verwilderten Park steht.

Meine Enttäuschung hält sich in Grenzen. Meine Tante Marion, die Erbin von Schloß Holstein, ist wenige Wochen zuvor das erste Mal zu Hause gewesen. Verschiedene treue Freunde hatten mir schon vorher aktuelle Fotos des Schlosses besorgt. Jahrzehntelang waren wir von jeder Information darüber abgeschnitten, ob das Gebäude überhaupt noch stünde. Groß war die Freude meiner Tante, als ihr das erste Mal berichtet wurde, daß der Bau erhalten sei und daß dort ein Institut der Königsberger Universität untergebracht sei. Ich kenne einige alte Aufnahmen des großen, idyllischen Schlosses inmitten seines Parkes. Da fallen die mächtigen Kamine, das rote Dach und die gelungene zweiflügelige Gesamtkonzeption mit dem großen Mittelsaal ins Auge. Heute wirkt das Schloß wie eine schlichte Mietskaserne. Das Dach ist fast flach, die Fenster sind vereinheitlicht, in den großen Mittelsaal ist eine Zwischendecke eingezogen, die dominante Fensterpartie in der Mitte des Gebäudes ist in kleine einzelne Fenster unterteilt. Das ganze Haus ist glatt verputzt und weiß gestrichen.

Nichts, aber auch gar nichts erinnert an die alte Atmosphäre eines historischen Gutshauses. Der Park ist teilweise zerstört, hier stehen Baumaschinen und Baumaterial herum. Auffällig ist die nasse und überschwemmt wirkende Umgebung des Gutes mit weitläufigen Schilffeldern. Ich frage mich, wo hier eigentlich einmal Landwirtschaft betrieben worden ist.

Ein hoher Metallzaun zieht sich um das gesamte Grundstück, er ist stark verrostet, aber noch intakt. Wir gehen links am Zaun entlang. Hier schmiegen sich Holzhütten, die als Ställe oder Werkstätten benutzt werden, an das Gutsgelände. Beim Näherkommen bellt uns ein Schäferhund böse an, er liegt jedoch glücklicherweise an einer Kette. Ein Stück links vom Schloß steht noch aus altem deutschen Baubestand eine große Scheune, die langsam in sich zusammenfällt. Obwohl das Gebäude eigentlich bereits eine Ruine ist, wird die linke Hälfte davon trotzdem als Hühnerstall benutzt. Um die Scheune gruppieren sich kleinere Landarbeiterhäuser, die wohl noch aus älterer Zeit stammen. Auffällig ist ein runder Erdschuppen, der in einen kleinen Hang gebaut ist und von Bäumen überwachsen ist. Ich steige hinauf und mache einen langen Filmschwenk über das gesamte Gelände. Jetzt beginnen große weiße Schneeflocken zu fallen. Gnädig deckt der Schnee das ganze Grauen zu, das die Entwicklung der letzten Jahrzehnte diesem einstigen Paradies angetan hat: Im vorderen Teil des verwilderten Parks lagern große Mengen von Baumaterial. Gleich hinter dem Hauptgebäude ist eine riesige Halle aus Wellblech errichtet, die eine größere Grundfläche als das ganze Schloß hat. Nur ungefähr 250 bis 300 Meter dahinter beginnt bereits eine Bebauung mit Wohnhäusern. Das Siedlungsgebiet von Königsberg erstreckt sich offensichtlich inzwischen bereits bis hier draußen. Links von der Wellblechhalle der in sich zusammenstürzende Stall, dazwischen gackernde Hühner und schnatternde Gänse. Ich gehe zurück an das Ufer des Pregel und ein paar Meter Richtung Haff, zu dem sich der Pregel wenige hundert Meter entfernt öffnet. Es dämmert, schnell bricht Dunkelheit herein.

Es schneit und schneit, als wir am nächsten Morgen in aller Herrgottsfrühe wieder in Jurijs kleiner Wohnung aufstehen.

Ein merkwürdiges Gefühl, an das man sich nicht so rasch gewöhnen kann, hier morgens aus dem Fenster schauend den vielen Fußgängern und wenigen Autos zuzuschauen, die sich durch das Schneetreiben hindurchbewegen. Unglaublich, daß wir uns in der Mitte von Königsberg befinden, zu unfaßbar ist es, im Zeitraffer von wenigen Tagen die Jahrzehnte hinter sich zu lassen, in denen dies eine verbotene, eine unzugängliche Stadt war. Pünktlich stehen Edith und ihr Vater mit dem gelben Lada vor der Tür. Ein gutes Dutzend Mal sind wir in den knappen zwei Tagen unseres Königsberg-Aufenthaltes an der Ruine des Domes vorbeigefahren. Für diesen Morgen haben wir uns vorgenommen, ganz alleine die kahle, verlassene Dominsel zu begehen. Einst führten fünf Brücken auf die Insel, der Durchgangsverkehr ging auf der Kneiphofschen Langgasse quer hinüber, am Kohlmarkt, in der Fleischbänkenstraße und der Brotbänkenstraße spielte sich bewegtes Altstadtleben ab. Heute ist die Insel nur noch über die Honig-Brücke entlang der alten Domstraße erreichbar. Der Dom selber ist eine Ruine, der davorliegende Große Domplatz erstreckt sich über die ganze Insel, die verlassen daliegt, umgeben von einem Meer von seelenlosen, grauen Hochhäusern aus Beton, in einer Landschaft der Trauer und Verlorenheit.

Für einige Minuten hat der Schnee aufgehört zu fallen, nur noch der Wind heult. Bei schneidender Kälte betreten wir die Insel, stehen alleine vor dem

Grabmal Immanuel Kants, des größten Sohnes dieser Stadt, des ewigen Garanten dafür, daß Königsberg für immer mit dem deutschen Vaterland, der deutschen Kultur und dem deutschen Geist verbunden bleibt. Kant und Königsberg, das ist eine Einheit. Kants Größe macht diese Stadt für das deutsche Volk unverlierbar.

Der Eingang des Domes ist vergittert. Diese mächtige Ruine ist wahrlich ein Mahnmal gegen den Krieg, ein Mahnmal gegen das hunderttausendfache Elend, das amerikanische und britische Kriegsverbrecher mit ihrem Luftkrieg gegen die Zivilbevölkerung über Deutschland gebracht haben. Im Hotel „Kaliningrad" treffen wir mit einer jungen Russin zusammen. Sie ist eine Kollegin von Jurij und arbeitet als Sekretärin in der gleichen Firma. Julia ist ein schönes Mädchen mit langen blonden Haaren und einem freundlichen, offenen Wesen. Am Vorabend hatte sie uns in Königsberg geführt und uns danach ihren Eltern vorgestellt. Es ist eine gebildete, gastfreundliche Familie, bei der wir auf späteren Reisen gerne immer wieder Quartier nehmen. Julia spricht ausgezeichnet Deutsch, obwohl sie keine einzige Schul-Unterrichtsstunde in Deutsch bekommen hat. Sie ist reine Autodidaktin und büffelt, auch bei ihrem späteren Aufenthalt in Kiel, ständig deutsche Vokabeln und deutsche Grammatik. Gerne gebe ich ihr Gelegenheit, sich in einem modernen Betrieb mit zeitgemäßer Bürotechnik, einem Warenwirtschaftssystem und betriebswirtschaftlichen Grundkenntnissen vertraut zu machen. Sie paßt sich als Praktikantin problemlos in die junge Mannschaft meiner Mitarbeiter ein, wird gerne angenommen und steigert ihre Deutschkenntnisse in wenigen Wochen zur Perfektion.

An diesem Morgen soll sie uns mit Viktor Hoffmann, dem Vorsitzenden des Vereins „Eintracht", zusammenführen. Sie hat ihn nach unzähligen Versuchen am Vortag telefonisch erreicht. Er erklärt ihr, daß er an diesem Tag überhaupt keine Zeit habe. Am Folgetag habe er im Hotel „Kaliningrad" sowieso einen Gesprächstermin, so daß wir uns anschließend zu Filmaufnahmen treffen könnten. Er versäumt nicht zu erwähnen, daß er Interviews nur noch gegen Honorar gebe und wir uns schon einmal darüber Gedanken machen möchten.

Dieses Ansinnen paßt genau zu dem Bild, das uns durch Dritte bereits von Viktor Hoffmann vermittelt wurde. Für uns steht fest, daß er von uns weder einen Pfennig noch einen Rubel für ein Gespräch erhält. Entweder meint er es, wie wir, mit der Hilfe bei der Ansiedlung von Rußlanddeutschen in Nord-Ostpreußen ernst, dann wird er uns gerne ein Interview geben – oder nicht, dann sind wir um eine Erfahrung reicher. Seit neun Uhr sitzen wir in der Wartehalle des Hotels, doch kein Viktor Hoffmann erscheint. Inzwischen zeigt die Uhr kurz nach zehn.

Julia hört sich ein bißchen um. Hoffmann ist hier

153

gut bekannt. Er wohnt privat direkt neben dem Hotel und hat seit einigen Monaten seine Gesprächstermine mit westlichen Medien und Vertretern bundesdeutscher Institutionen in das Hotel „Kaliningrad" verlegt. Hier kann man ihn eigentlich ständig antreffen, und das Personal des Hotels weiß in der Regel auch, wo er sich gerade aufhält.

Hoffmann geht nicht gerade ein guter Ruf voraus. Noch während des Wartens kommen wir mit einigen Russen ins Gespräch, die Hoffmann gut kennen. Ein paar Deutsche seien durchaus auch Mitglieder in dem Verein „Eintracht", erzählen sie uns. Die Masse der Mitglieder seien jedoch Russen, die sich von einer deutsch-russischen Zusammenarbeit Vorteile versprechen würden und sich deshalb hier organisiert hätten. Auch die Tatsache, daß Hoffmann seine Tätigkeit bereits zu Zeiten ausgeübt hätte, als die KPdSU noch unangefochten im Sattel saß, wird hier nachhaltig betont. „Das ist ein Mann, der fest im alten System verankert ist", wird uns bedeutet. Andere warnen uns direkt davor, mit diesem Mann zu sprechen. Nun, wir pflegen uns unsere Gesprächskontakte selber auszuwählen und sammeln unsere Erfahrungen am liebsten aus eigener Anschauung.

Kurz nach zehn Uhr kehrt Julia von einer Erkundungstour durch das Hotel zurück und berichtet uns, daß Hoffmann im Frühstücksraum des Hotels, im Kellergeschoß, sitzt. Dort bekommen wir ihn kurz zu sehen, während er ein Sandwich mit Hüh-

154

nerfleisch und Remouladensoße verspeist. Da wir
nur zwei Tische entfernt sitzen, bekommen wir
große Teile des Interviews mit einer links gewirk-
ten westdeutschen Journalistin mit. Hoffmann
macht den Eindruck eines ausgesprochen eitlen
Gockels. Er hat seine halblangen Haare sorgfältig
nach hinten gekämmt und gefönt und streicht sich
während des Gespräches ständig über das Haar.
Die Fragen der Journalistin, wie man sich denn
deutsche Volkstumsarbeit im Verein „Eintracht"
vorzustellen habe, ob sie da etwa Liedgut pflegen
würden, sind ihm ganz offensichtlich peinlich. Er
versucht sich mit allen Kräften anzubiedern und
den Kosmopoliten herauszukehren. Dieser Mann
steht in der Tat in einem krasser kaum denkbaren
Gegensatz zu den schlichten, einfachen Menschen,
die wir bisher unter den Rußlanddeutschen kennengelernt haben.

Nach einigen Minuten erhebt sich Hoffmann zusammen mit der Journalistin, um zu einem Fototer-
min nach oben zu gehen. Ich habe jetzt die Ehre eines 15-Sekunden-Gespräches, bei dem er mir die
Hand drückt und mich bittet, in zehn Minuten im
Foyer des Hotels mit ihm zusammenzutreffen. Diese 15 Sekunden gestaltet er für sich durchaus vor-
teilhaft. Er kann außerordentlich charmant sein
und vermittelt seinem Gegenüber das Gefühl von
Wärme und Interesse.

Dieses Gefühl verflüchtigt sich während der
nächsten Stunde des Wartens ziemlich rasch und

nachhaltig. Im November 1992 habe ich die Gelegenheit, den Charakter dieses Mannes ein wenig weiter zu studieren. Er ist zu einer Tagung des Bundes der Vertriebenen nach Damp bei Eckernförde eingeladen. Auch hier kehrt er den vollendeten Charmeur heraus und spielt diese Rolle ganz ausgezeichnet. Am Mikrofon entschuldigt er sich zunächst in sehr gebrochenem Deutsch für seine schlechten Sprachkenntnisse und beteuert, das erste Mal vor einem solch großen Auditorium zu sprechen. Ziemlich bald fällt er dann in einen recht professionellen Tonfall, berichtet über zahllose Aktivitäten von Rußlanddeutschen im Raum Nord-Ostpreußen und hinterläßt bei den Zuhörern das Gefühl, daß er der Initiator oder Unterstützer dieser Aktivitäten sei, was mitnichten der Fall ist.

Unversehens geht seine Rede dann in einen Angriff auf Dr. Heinrich Groth, den gewählten und legitimen Sprecher der gesamten Volksgruppe der Rußlanddeutschen, über. Dieser solle keine politischen Programme verkünden, sondern lieber mit möglichst viel Geld in der Tasche selbst und mit seinen Anhängern nach Königsberg kommen. Vor dieser rätselhaften Aufforderung steht das Publikum ratlos. Dr. Groth ist bereits seit September 1992 Bürger von Königsberg. Und – woher sollten Rußlanddeutsche, die irgendwo in Sibirien, am Nord-Ural oder in einer der mittelasiatischen Republiken dem Vertreibungsdruck entkommen sind, Geldmittel haben, die sie mit nach Königsberg

156

bringen könnten? Diese Leute haben in der Regel nichts als ihren Optimismus, ihre Schaffenskraft und ihre Kinder – immer noch der beste Garant der Zukunft – bei sich. Für Viktor Hoffmann dagegen scheint das Wort „Geld" eine magische Anziehungskraft zu besitzen. Wortreich entschuldigt er sich in seinem Vortrag dafür, daß in seinen Paß das diskriminierende Wort „Nemez", das die Deutschen in Rußland zur Schicksalsgemeinschaft verdammt, nicht eingestempelt ist. Er gehöre trotzdem dazu und teile das Schicksal seiner Landsleute.

Während der Rede von Dr. Heinrich Groth auf der gleichen Tagung sitzt er mit dem Vertreter des Bundesinnenministeriums, einem Dr. Rahman, direkt hinter mir. Während Groth spricht, schmeichelt Hoffmann sich ununterbrochen bei Dr. Rahman ein: „Ist das denn richtig, was der Groth da gerade sagt?"

Antwort von Dr. Rahman: „Warum fragen Sie mich, habe ich etwa geklatscht?"

Darauf Hoffmann: „Unglaublich, wie kann er das sagen, was sagen Sie dazu?"

So geht es zwischen den beiden hin und her. Schließlich dann der effekthaschende Angriff auf Dr. Groth in Hoffmanns Vortrag. Derweil erkundigt sich Dr. Rahman nach einigen standhaften Diskussionsbeiträgen von Heimatvertriebenen mit süffisantem Unterton bei der Kassenführerin dieses Seminars des Landesverbandes der Vertriebenen Deutschen: „Wird dieses Seminar eigentlich mit Mitteln unseres Hauses bezuschußt?"

Frau Harms: „Ich verstehe Sie nicht recht."

Dr. Rahman: „Ich meine, geben wir, das Bundesinnenministerium, direkt oder indirekt Zuschüsse zu diesem Seminar?"

So wird in Bonn und in Königsberg vor und hinter den Kulissen gegeben und genommen.

Heute, in Königsberg, um 11.30 Uhr geben wir auf. Julia, unsere junge russische Begleitung empfiehlt uns dringend, nicht weiter zu warten. Hoffmann sei hier ein bekannter Mann und Verhalten dieser Art gehöre zu seinem Image. Wir sind enttäuscht. Der Vormittag ist verloren, die düstere Vorstellung, daß es um die Selbstverwaltung der Rußlanddeutschen in dieser Stadt nicht um das Beste bestellt ist, hat sich bewahrheitet.

In den Wochen und Monaten danach werden wir mehrfach in diese Stadt zurückkehren. Lange, komplizierte Verhandlungen mit der Verwaltung erwarten uns, erfreuliche, konstruktive Begegnungen mit Rußlanddeutschen und jungen Russen, eine wegweisende Zusammenkunft mit führenden Vertretern der Rußlanddeutschen. Diese Stadt hält viele bewegende Eindrücke für uns bereit. Aber das Herz Ostpreußens liegt heute draußen, vor den Toren dieser Stadt, in den Dörfern, weit verstreut im Lande und in den stillen verlassenen Winkeln in der Einsamkeit des Kurischen Haffes.

Gilge

Es ist dichtes Schneetreiben, als wir Königsberg um die Mittagszeit verlassen. Auf der Königstraße, kurz vor der Litauer Wallstraße halten wir an, um das Königstor noch einmal im dichten Schneetreiben zu filmen. Es ist auch eines jener immer wieder fotografierten Relikte des alten, historischen Königsberg, die die Illusion lebendig halten, in Königsberg, dort, weitab im verbotenen Land der Zeitlosigkeit, könnte die alte Stadt noch wie einst sein. Auf der Labiauer Straße, der Verlängerung der Königstraße, geht es aus der Stadt hinaus. Alleen und flaches Land bestimmen das Bild. Angestrengt kämpft der kleine Scheibenwischer unseres Wagens gegen das immer dichter werdende Schneetreiben an. Bereits nach ungefähr einer dreiviertel Stunde erreichen wir Labiau.

Kurz hinter Labiau eine alte zweibogige Eisenbrücke mit einem doppelten Brückenhaus, die über die Deime führt. Es hat jetzt aufgehört zu schneien. Zu beiden Seiten der Deime erstrecken sich große Überschwemmungswiesen, auf denen Wasser steht, das zum Teil von einer Eisschicht überzogen ist. Auf der weiten Fläche des Eises zeichnen sich große verschneite Regionen weiß ab, nur hier und da unterbrochen von schwarz geteerten hölzernen Telegrafenmasten, die verloren in der Landschaft stehen. Das alles gibt eine trostlose, graue, verhangene Stimmung ab. Direkt hinter der Brücke biegen wir scharf links ab. Wir wollen möglichst rasch eine kleine Siedlung von sieben rußlanddeutschen Familien in dem alten Fischerdorf Gilge erreichen. Das Dorf bietet mit seiner schwer erreichbaren Lage anscheinend ein hervorragendes Siedlungsgebiet, für das sich anscheinend auch niemand sonst interessiert.

Unmißverständlich verbietet jetzt ein großes militärisches Hinweisschild die weitere Durchfahrt. Man merkt Ediths Vater seine Unruhe an. Ein ganzes Leben unter der Knute der sowjetischen Willkürherrschaft hinterläßt seine Spuren.

„Dawai, dawai", rufe ich scherzhaft, als er reflexartig in die Bremse tritt, „das Schild wollen wir mal vollständig übersehen!"

Wenig begeistert gibt Ediths Vater Gas, und wir setzen unsere Fahrt fort. Links von der schmalen Straße liegt jetzt ein Kanal, der Große Friedrichsgraben. Bereits nach wenigen hundert Metern gelangen wir an eine Brücke, über die wir den Großen

Friedrichsgraben überqueren. Auf der Brücke kommt uns ein Militärlaster entgegen. Ediths Vater kämpft schon wieder mit der Bremse. Wir müssen ihn jetzt vorwärts treiben, damit er sich nicht unnötig auffällig benimmt und durch überflüssiges Anhalten vielleicht sogar eine Kontrolle oder Rückweisung provoziert.

Vorbei an den Resten der Siedlungen Hindenburg und Haffwerder geht es jetzt auf dem Damm links neben dem Kanal weiter. Das Schneetreiben hat wieder begonnen. Bei Haffwerder beginnt sich der Küstenstreifen, auf dem wir fahren, immer mehr zu verschmälern. Rechts von uns der Kanal, links von uns, bisher noch nicht sichtbar, liegt in einer Entfernung von nicht mehr als dreihundert Metern das Haff. So geht es Kilometer um Kilometer weiter auf dem Damm entlang. Unsere einzige Sorge ist, daß wir bei den Witterungsverhältnissen in den Kanal rutschen könnten. Immer wieder halten wir fasziniert an, um einzelne Häuser auf der anderen Seite des Kanals genauer zu betrachten. Auch auf unserer Seite stehen in Abständen von einigen hundert Metern Häuser, meist aus Holz, in einem erbarmungswürdigen Zustand. Einige der Häuser scheinen verlassen zu sein, aber oftmals trügt hier der Schein. Es ist geradezu unvorstellbar, unter welchen Umständen immer noch einzelne Personen oder sogar ganze Familien in Häusern hausen, die eher wie Ruinen wirken.

Kurz vor Möwenort scheint das Haff linker Hand

greifend nahe zu sein. Hinter einem kleinen baufälligen Häuschen führt eine verkrüppelte Allee aus wenigen alten Weiden auf das Wasser zu. Man kann auch einen kleinen Damm erkennen. Ich bitte Ediths Vater, zurückzusetzen und uns in diese kurze Allee hineinzufahren.

Als wir aus dem Wagen aussteigen, weht uns der Wind eisig ins Gesicht. Das Schneetreiben hat aufgehört und ist von starkem Wind abgelöst, der den Himmel frei zu fegen scheint. Ungewöhnliche, eindrucksvolle Lichtverhältnisse tun sich zu den verschiedenen Himmelsrichtungen auf. Eben noch schien im dichten Schneetreiben der Abend hereinzubrechen. Jetzt, nach dem Aufklaren, ist die Landschaft in ein merkwürdiges, verwunschenes Licht getaucht.

Als wir auf den Damm treten, liegt vor uns das zugefrorene Haff. Nachdem wir kilometerweit neben dem offenen Kanal entlanggefahren sind, habe ich damit gerechnet, jetzt über eine weite Fläche bewegten Wassers zu schauen. Der Blick über das Eis dagegen läßt mich frösteln. Die Bilder vom zugefrorenen Haff im Kriegswinter 1944/45 steigen vor mir auf. Immer habe ich mir gewünscht, einmal Ostpreußen im Schnee zu erleben. Jetzt aber will sich kein romantischer Gedanke an fröhliches Menschentreiben und an Kinderlachen einstellen. Tiefe Trauer überfällt mich und legt in dieser hellen und leichten Vorabendstimmung ihren dunklen Schatten auf mein Gemüt. Da ist er wieder, mein alter Wegbegleiter: das Leiden meines Volkes, totgeschwiegen, niedergetrampelt. Ich schweige nicht: Armes, geschundenes Volk, von Haus und Hof gejagt, über Land und Eis getrieben! Abertausende von Ostpreußen suchten 1944/45 beim Anrücken der sowjetischen Front die Häfen der Ostseeküste zu erreichen, von wo aus sie mit Schiffen in den Westen gerettet wurden. Mit Pferden und Wagen zogen sie dabei auch über das Eis des Kurischen und Frischen Haffs, pausenlos beschossen von feindlichen Tiefliegern. Fotos von im Eis einbrechenden und versinkenden Fuhrwerken, Pferden und Menschen gehören zu den festgehaltenen namenlosen Entsetzlichkeiten, die unser Volk in dieser Zeit der Rechtlosigkeit erleiden mußte. Unverlierbar haben sich mir die Verse von Agnes Miegel eingegraben: „Sie erstarrten im Schnee, sie verglühten im Brand, sie verdarben elend im Feindesland, sie liegen tief auf der Ostsee Grund, Flut wäscht ihr Gebein in Bucht und Sund." Es ist, als ob die Mutter Ostpreußens neben mir stünde und mir, während ich hinaus auf das zugefrorene Haff schaue, ihre düsteren Verse in das Ohr raune.

Ungefähr zweihundert Meter weit sind unzählige kleine zerbrochene Eisschollen über- und nebeneinander getürmt. Dahinter beginnt eine weite weiße Schneefläche, die kurz vor dem Horizont von einer dunklen Wasserlinie unterbrochen ist. Jenseits davon setzt sich die weiße Fläche fort. Nur rechter Hand ist ein Landstrich zu sehen, während sich linker Hand das Haff bis zum Horizont gegen einen hellblauen Himmel erstreckt, der von langgezogenen grauen Wolken durchzogen ist, durch die die letzten Strahlen der Abendsonne zu dringen versuchen. Beim Blick zurück zum Land erhebt sich im Westen eine dunkle Wolkenwand, im Osten dagegen sieht man, in einem merkwürdigen Kontrast dazu, vor einem hellblauen Himmel ganz tief fliegende weiße Wolken.

Vom Deich aus erblickt man zurückliegend den Großen Friedrichsgraben, dahinter, ungefähr fünfzig Meter vom Wasser entfernt, einen endlosen Birkenwald. Dazwischen wogt das Schilfgras in Pastelltönen. Kleine Häuser ducken sich in die paar Meter Landstrich zwischen Haff und Friedrichsgraben. An der Rückseite eines kleinen Stalles hängen zwei Rettungsringe. Wir gehen an unserem parkenden Wagen vorbei, zwischen einigen verwunschenen und verwachsenen Erlen links und rechts neben dem Fahrweg hindurch. Ein Hund schlägt heftig an, als wir das kleine Gartentor zum ersten Haus hin öffnen.

Ich kenne weder jene Menschen, die ein schreckliches Schicksal hier von der Heimaterde vertrieben hat, noch die heutigen Bewohner dieses Hauses; aber es drängt mich danach, mehr von diesem Haus zu erfahren. Eine Frau tritt heraus. Sie ist ordentlich dick angezogen, hat über Hosen und Gummistiefeln eine dicke Lederjacke und darüber noch eine wasserabweisende Jacke an. Sie trägt auch ein doppeltes Kopftuch, eines direkt um den Kopf geschlungen und darüber noch ein zweites, über den Kopf gezogen und in den Kragen hineingesteckt. Die Frau hat wasserblaue Augen und ein ganz rundes, lustiges Gesicht. Der Mann dazu ist hager und hat tiefe Furchen in seinem unrasierten Gesicht. Die beiden sind 1948 aus der Gegend hinter Leningrad hierhergekommen. Wir fragen sie, ob sie wissen, daß Leningrad nun wieder Petersburg heißt. Darüber staunen sie mächtig. Sie haben es noch nicht gehört.

Wir bitten, ob wir einen Blick in das Haus werfen dürfen. Gleich rechts geht es in die Küche, hier befindet sich im Prinzip kein Mobiliar. Links an der Wand ist ein alter Kohlenofen. Die Küche starrt vor Schmutz. Im Flur hängen unter der Holztreppe einige Fischernetze. Der Mann erzählt, daß es verboten sei, hier mit Netzen zu fischen, aber er erwähnt ganz freimütig, daß sie es trotzdem täten. Dahinter ein Wohnraum, in dem neben einem Schrank kein weiteres Mobiliar steht. Einige verschlissene, ungewaschene Gardinen vor dem Fenster. Ich drücke die Tür zum Nachbarraum auf und werfe einen Blick hinein: Der Raum ist ebenfalls, bis auf ein Bett, völlig unmöbliert. Wir bleiben in dem Mittelraum mit dem Schrank einen Moment lang stehen und schenken dem Mann aus einer mitgebrachten Flasche ein Glas Wodka ein. Erst zeigt er mit seinen Fingern, daß er nur einen ganz kleinen Wodka möchte, dann läßt er sich jedoch nicht lange bitten, noch einen zweiten zu trinken. Es sind liebe alte Leute, die hier, fern von der russischen Heimaterde, auf ihr Ende warten.

Wir müssen weiter. Bald erreichen wir Möwenort, danach beginnt eine längere, schnurgerade Strecke ohne ein einziges Haus an der Straße. Dann plötzlich auf der linken Seite ein PKW und einige Männer mit Gewehren. Offensichtlich sind es Jäger und keine Soldaten; trotzdem muß Ediths Vater einen kleinen Stoß bekommen, damit er den Fuß genauso schnell vom Bremspedal nimmt, wie er ihn daraufgesetzt hat. Dann die ersten Häuser von Elchwerder. Im Ort halten wir uns links und fahren ein Stück weit parallel zur Wiepe. Zwischen einigen kleineren Hallen und Baracken bleiben wir schließlich mehr oder weniger im Schlamm stecken. Wir steigen aus, und Edith erkundigt sich nach dem weiteren Weg nach Gilge. Sie kommt zurück und weist auf die Wiepe: „Da ist schon die Fähre, die wir suchen."

Irgendwie begreife ich nicht recht, ich sehe keine Fähre. Henning muß laut lachen. Es gehört wirklich ein bißchen Phantasie dazu, sich vorzustellen, daß dieses Stück verrostetes Blech, das hier fünf Meter von uns entfernt am Flußufer liegt, eine Fähre sein soll. Ich begreife auch nicht ganz, auf welche Art diese kleine schwimmende Plattform sich über den verschilften Fluß bewegen soll?

Wir klopfen an einer kleinen Holzhütte und treten ein. Drinnen sitzen zwei Frauen und ein älterer

166

Mann. Wir werden nicht ganz schlau daraus, wann, nach welchem Fahrplan oder welchen Gepflogenheiten diese sogenannte Fähre verkehrt. Auch wollen wir von dem Mann gerne wissen, wann wohl die letzte Möglichkeit besteht, die Insel wieder zu verlassen.

„Gegen halb neun", sagt er, „kommt der Omnibus noch einmal herüber."

Der Hinweis auf einen Omnibus stärkt mein Vertrauen in diese Fähre ganz gewaltig. Sollte es tatsächlich möglich sein, mit diesem abenteuerlichen Gefährt einen Omnibus zu transportieren, dann müßte eine Fahrt mit unserem Lada eigentlich fast risikolos sein.

„Wenn ihr mir eine Flasche Schnaps mitbringt", bietet der Mann an, dann fahre ich euch rüber.

Vorsichtshalber bleiben wir während der Überfahrt außerhalb des Autos. Das Übersetzen ist ein Abenteuer für sich: Neben der Fähre liegt ein kleiner, völlig verrosteter Schlepper. Er ist aber keineswegs, wie es sinnvoll wäre, fest mit der Fähre verbunden. Stattdessen ist ein dickes Tau vom Geländer des Fährpontons zum Schlepper gespannt. Unter mächtigem Lärm wird jetzt der Dieselmotor des Schleppers angeworfen und das Schiff sticht in den Fluß. Dort dreht es sich langsam einmal um sich selbst, bis es mit dem Bug voraus Fahrt aufnimmt. Nach einigen Metern strafft sich das Tau, es gibt einen Ruck und die Fähre setzt sich in Bewegung. Ein Stahlseil ist quer über den Fluß gespannt und läuft über ein Rad rechts an der Fähre. Dadurch bewegt sich die Fähre einigermaßen gerade durch das Wasser. Höchstens dreihundert Meter sind zu überbrücken. Einige Meter vor dem anderen Ufer dreht der Schlepper bei, während die Fähre durch den Schwung auf das Ufer gedrückt wird. Über eine fast zwanzig Zentimeter hohe Kante rumpelt unser Lada von der Fähre hinunter.

Wir sind jetzt auf der schwer zugänglichen „Halbinsel" Gilge, die durch die Wiepe, den Seckenburger Kanal und die Gilge vom Festland abgetrennt ist. Direkt hinter dem Anleger beginnt eine herrliche Birkenallee mit einer gepflasterten Straße, die jedoch tiefe Schlaglöcher aufweist. Nach der ersten Linkskurve beginnt rechter Hand ein ausgedehntes Waldgebiet. Es handelt sich um Bruchwald, der, soweit man sehen kann, im Wasser steht. Etwa zwei Kilometer lang geht es auf der Birkenallee in Richtung Norden. Links, Richtung Haff, eine weite weiße, schneebedeckte Fläche, rechts der Wald. Die Straße endet direkt vor dem breiten Strom der Gilge. Hier gibt es weder eine Brücke noch eine Fähre. Auf jeder Seite des Flusses stehen zwei Dutzend Häuser. Wir halten uns zunächst rechts. Das erste Haus ist ein großes Gebäude ganz aus Holz, es ist gelb gestrichen.

Auf unser Klopfen öffnet ein etwa zehnjähriges Mädchen mit hellen, blauen Augen. Auf unsere deutsche Ansprache hin sieht sie uns ratlos an. Ihr Vater tritt aus dem dunklen Hintergrund des

Raumes hervor, Edith wechselt einige Worte auf russisch mit ihm. Er ist Russe, seine Frau ist Deutsche. Sie ist jedoch nicht zu Hause. Der Mann beauftragt das Mädchen, uns zu einer anderen Familie zu begleiten.

Wir gehen einige Meter auf der schmalen Sandstraße entlang. Rechts stehen große alte Fischerhäuser aus Holz, links des Weges, direkt am Wasser, steht vor jedem Haus ein größerer Schuppen, eine Art Bootshaus. Plötzlich stehen zwei Frauen vor uns. Die eine faßt uns gleich am Arm und ruft: „Kommen Sie mit, kommen Sie mit, Guten Abend, Guten Abend!"

Sie umarmt das kleine Mädchen, das uns bis hierher geführt hat. Sie scheinen sich gut untereinander zu kennen. Die Frau bittet uns in ihr Haus. Sie seien nur vorübergehend hier, ihre Verwandten hätten ihnen das Haus zur Verfügung gestellt, erzählt sie. Man hat den Eindruck, in einem Bauernhaus zu sein. Tief ausgetretene Dielen verraten, daß dieses Haus schon recht alt ist. Wir werden nach rechts in eine Küche hineingebeten, ein Durchgangsraum, hinter dem sich die Wohnstube befindet. Wie stets bisher begegnet man uns ohne jedes Mißtrauen, aufgeschlossen, lebensfroh und gastfreundlich. Hier hat es gerade Nachwuchs gegeben: In einem Pappkarton ist das Gepiepse von rund einem Dutzend Entenküken zu hören, die am selben Tage geschlüpft sind, wie wir von unserer Gastgeberin erfahren. Weder die Frau noch ihre jüngere

Schwester haben Scheu davor, sich vor der Kamera zu äußern. Nur der Mann läßt sich erst durch längeres Zureden dazu bewegen, sich dazuzusetzen. Dazwischen trohnt das etwas dicklich geratene Töchterchen mit einer fröhlichen Lockenfrisur. Sie lacht zwischendurch zu meinen Fragen und zu den Antworten der Mutter hellauf in die Kamera, obwohl sie augenscheinlich kein Wort Deutsch versteht.

„Wie heißt du", frage ich die Frau.

„Lisa", sagt sie, „Lischen, Lischen", lacht sie dann.

Das Gespräch ist etwas schwierig, da Lischen oft mit den Worten ringt und sich nicht so ausdrücken kann, wie sie gerne möchte. Geradezu rührend ist ihr Epilog auf die Frage, warum sie gerade hierher gekommen ist: „Wir wollen diese deutsche Erde. Es ist schön, unsere Erde. Wir wollen hier leben, überall, wo du gehst, ist es deutsch. Früher war alles schön hier. Jetzt ist es dreckig und kaputt."

„Wie viele deutsche Familien leben heute hier in Gilge?"

„Es sind sieben. Aber es gibt keine Arbeit, auch das Wohnen ist schlecht. Wir würden gerne etwas bauen, etwas machen hier."

„Was macht dein Mann?"

„Mein Mann arbeitet als Melker. Ich will mit meiner Schwester Haare machen. Wir wollen in Labiau arbeiten. Die Männer hier arbeiten alle als Tischler, Traktoristen oder Elektriker in Elchwerder."

170

„Habt ihr auch selber Tiere?"

„Wir haben eine Kuh und Enten gekauft und eine kleine Sau. Man muß in der Landwirtschaft arbeiten, denn sonst gibt es hier keine Lebensmittel. Viele deutsche Familien würden gerne hierher zurückkommen, auf deutsche Erde, aber ist schwer mit Arbeiten und Wohnen. In diesem Haus wohnt noch eine zweite Familie, oben, es ist alles sehr eng."

„Was habt ihr in Kasachstan gemacht?"

„Unsere Männer haben in Kasachstan sehr hart gearbeitet, in Gruben, nach Uran gegraben."

„Was meint ihr, wird aus diesem Gebiet?"

„Ostpreußen soll wieder zu Deutschland gehören!", da steht Lisas Meinung fest.

Wir wollen noch mit anderen Familien sprechen. Lischen empfiehlt uns eine Familie, die sehr gut Deutsch sprechen kann. „Die haben in Kasachstan in einem rein deutschen Dorf gewohnt."

Ich ziehe die warmen Puschen, die Lischen mir gegeben hat, aus und meine Straßenschuhe an. Es entspannt sich ein kleiner Disput. Die nächste Familie wohnt auf der anderen Seite des Flusses. Edith ist ein bißchen geschockt, daß ich jetzt noch über den Fluß fahren will. Es ist bereits weit nach 19 Uhr und um halb neun fährt die letzte Fähre. Ich zucke nur mit den Schultern. Der Fährmann wird schon warten, sonst werden wir halt sehen. Die Anziehungskraft dieses alten deutschen Dorfes ist größer als die Zwänge eines Fahrplanes.

Wir verlassen das Haus. Unvergeßlich ist die merkwürdige Stimmung, als die Männer von beiden Seiten des Flußufers einander zurufen. Deutsche Worte über dem nächtlichen Fluß. Vergangenheit, Geschichte, Gegenwart und Zukunft laufen hier zu einer großen Schicksalslinie zusammen. Generationen lang lebten diese Menschen nun an der fernen Wolga. Ein grausames Schicksal vertrieb sie unter Stalin in die Weiten Asiens, damit sie heute hierher zurückkehren sollten, als Hoffnungsträger einer deutschen Zukunft. Zwischen den alten Holzhäusern auf beiden Seiten des Flusses klingen wieder deutsche Stimmen, ein tiefes Glücksgefühl durchrauscht mich – geliebtes Ostpreußen!

Wir gehen zwanzig Meter weit zu einem Kahn am Ufer des Flusses. Es ist empfindlich kalt geworden, dicker, weißer Rauhreif hat sich auf den Planken des Bootes gebildet. Wir werden schräg über den Fluß gerudert, flußaufwärts und erreichen nach zwei oder drei Minuten das andere Ufer. Dort warten drei Männer auf uns. Sie sind dick und warm angezogen und haben Fellmützen auf den Köpfen. Der Schnee knirscht unter unseren Schuhen, als die Männer schweigend vor uns die schmale Uferstraße entlanggehen. Auch auf dieser Flußseite liegen die Holzhäuser etwa zwölf bis fünfzehn Meter vom Flußufer zurück, am Wasser selber stehen die großen Bootshäuser und Ställe. In dieser Art, einheitlich Haus für Haus erhalten, breitet sich wie aus einer untergegangenen Märchenwelt das letzte Dorf Ostpreußens vor uns aus. Von Vollmond beschienen liegt hier sicherlich eines der letzten noch weitgehend erhaltenen Dörfer Ostpreußens, fernab von aller Zivilisation, fern auch von der Zerstörungswut des Sowjetsystems; im allerletzten, unzugänglichen Winkel Ostpreußens, das verschneite, das vergessene, das letzte Dorf.

Durch eine kalte Küche betreten wir eine überfüllte Stube. Hier wohnen drei junge Ehepaare mit insgesamt fünf Kindern. Es sind drei Geschwister mit ihren jeweiligen Ehegatten. Die Männer sind stark, entschlossen, keine Schwächlinge. Aber ihre Wortführerin ist eine Frau.

Nina (Wir hatten sie in unserem ersten Rundschreiben, um ihre Identität zu schützen, „Helena" genannt): „Wir sind im November hierhergekommen, vor drei Monaten. Wir kommen aus Kasachstan, da haben wir in einem ganz kleinem Dörfle gewohnt, da waren lauter deutsche Leute. Jetzt siedeln sie alle aus, nach Deutschland und hierher. Es bleiben keine Deutschen dort. Jetzt ziehen Russen ein und Kasachen in unser Dörfle."

„Warum seid ihr ausgerechnet hierher gekommen?"

„Das ist so gekommen. Unsere Ureltern – so ist wohl recht? – die waren aus Ostpreußen. Unsere Familie heißt Hering. Und nu sind mer zurückkomme. Mir denke, das ist recht, daß mir hier san."

„Wie seid ihr zu der Entscheidung gekommen,

hierher zu kommen? Habt ihr gehört, daß man hier wohnen kann, seid ihr hierhergekommen, um das anzugucken?"

„Nun, das war so: Die deutsche Zeitung ‚Neues Leben' hat geschrieben, in Königsberg sind schon viele Deutsche, die zurückgekommen sind. Das haben wir gelesen, und da sind wir zurückgekommen."

„Wie seid ihr hierher gelangt?"

„Mit dem Flugzeug. Über Leningrad – Petersburg – direkt nach Königsberg. Unsere Sachen haben wir mit dem Zug hierhergeschickt."

„Hat sich einer das hier vorher angeguckt?"

Nina lächelt verlegen: „Nein."

„Wo seid ihr denn genau angekommen?"

„In Königsberg", das sagt Nina wie alle Rußlanddeutschen mit der größten Selbstverständlichkeit. Nicht ein einziges Mal auf unserer Reise haben wir aus dem Mund eines Rußlanddeutschen etwa das Wort „Kaliningrad" vernommen. Das war allein dem deutschen Pastor Beyer aus Dresden in der Bundesrepublik Deutschland vorbehalten. „Dann sind wir gekommen nach Liebenfelde, und von Liebenfelde daher. Da waren keine Quartiere. Da haben sie uns viel versprochen, und da sind mir daher gekommen."

Nun meldet sich auch links, vor dem großen Kamin sitzend, Sascha: „Und da ist auch nix."

„Da ist auch nix", wiederholt Nina noch einmal. „Jetzt ist es noch nicht schön für uns. Uns geht's schlecht, wie man so sagen muß. Das Zimmer ist für uns alle, weiter hem mir nix."

Da sitzen sie nun alle, mit großer Hoffnung in die Heimat der Väter zurückgekehrt. Die Heimat empfängt sie in zwei Räumen, einem Wohnraum und einem Schlafraum für diese insgesamt elf Personen. Bis auf die beiden Kinder von Elke sitzen sie alle hier vor uns, nebeneinander auf einem Sofa und einem Stuhl. Nur Waldemar sitzt etwas abseits in Hockstellung vor der Eingangstür. Er ist ein besonders schweigsamer Typ. Bärenstark wartet er darauf, etwas für seine Familie tun zu können. Der Raum ist armselig. Eine 60-Watt-Funzel hängt ohne Lampenschirm von der Decke. Die Tapeten sind in Fetzen. Einzig der hohe Kachelofen gibt dem Raum ein wenig Stimmung und Geborgenheit. Ninas ältere Tochter Lena sitzt aufmerksam zwischen ihrer Mutter und ihrer Tante Elke. Mit großen, klugen Augen beobachtet sie das Gespräch. Manchmal spielt sie mit der Hand an ihren sorgsam gebundenen Zöpfen. Die kleine Jemy lehnt während des gesamten Gesprächs an ihrem Vater, ab und zu legt sie ihr Köpfchen müde auf dessen Knie. Sascha scheint ein ganz feiner Mensch zu sein. Ganz sanft, als ob sie zerbrechlich wäre, geht er mit seiner kleinen Tochter um.

„Wie soll es weitergehen?"

Nina weiß es nicht: „Die Wirtin hält uns nur bis zum Frühjahr, dann müssen wir raus. So ist es jetzt."

„Wie sieht es mit Arbeit aus?"

„Sascha ist Tischler. Er arbeitet in Elchwerder."

Sascha: „Türen, Fenster mach' ich."

„Und Eric?"

Eric: „Ich schaff' mit'm Sascha auf der Kolchose."

„Was wird denn da eigentlich gemacht in Elchwerder?"

„In Elchwerder wird Fisch gefangen".

Die Frauen haben keine Arbeit. Sie würden gerne etwas tun, um zum Lebensunterhalt mit beizutragen. Ich frage sie, ob sie etwas in Heimarbeit herstellen könnten. Dies bejahen sie freudig.

Roses hat im Moment sicherlich andere Sorgen, als arbeiten zu gehen. Ihre kleine Tochter Karolina ist erst sechs Monate alt. Diese fabelhaften Menschen hatten wirklich den Mut, mit einem drei Monate alten Baby hierher in die völlige Ungewißheit zu kommen.

Mich interessieren die Möglichkeiten, die es gibt, Gilge zusammen mit den rußlanddeutschen Familien zu entwickeln: „Gibt es hier Flächen, die man als Weiden benutzen könnte, um dort Kühe zu halten?"

„Doch wohl, die Leute halten Kühe, aber das ist alles im Wasser, alles im Wasser", sagt Nina.

„Also, Ackerbau kann man hier überhaupt nicht betreiben?"

„Also, ich weiß nicht – Wasser ist überall. Wenn man so mit dem Fuß macht", Nina legt das ganze

Gewicht ihres kleinen Körpers auf ihren rechten Fuß, „kommt gleich das Wasser raus", und nach einer kleinen Pause, „im Sommer ist es doch wohl arg schön. Es wird alles grün, und das Wasser läßt nach. Aber jetzt, ich weiß nicht. Jetzt ist es noch nicht arg."

Eine verlegene Stille tritt ein. Diese Menschen sind es nicht gewohnt zu klagen. Ihre Worte lassen gar nicht die Not, in der sie sich befinden, in ihrem ganzen Ausmaß erahnen. Ein wenig ratlos sehe ich Henning an. Was soll man diese Menschen fragen? Natürlich ist es wichtig, daß sie sprechen, daß wir sie für unseren Film aufnehmen können, damit man in Deutschland eine realistische Einschätzung von der Situation hier gewinnt. Aber diese Menschen schämen sich offensichtlich ihrer Not.

„Wenn ihr hier nun eure Situation verbessern könnt, vernünftige Häuser bekommt und Arbeit habt, würden dann eure Verwandten aus Kasachstan hierherkommen?"

Die Antwort kommt wie im Chor: Wenn sie sich auch verschieden stark am Gespräch beteiligen, so verstehen sie doch wohl alle gut Deutsch: „Ja!".

„Gewiß doch!", kommt aus Erics Ecke.

„Unbedingt!" setzt Nina nach, „die warten alle darauf."

„Also, ihr seid jetzt so eine Art Vorabkommando?"

„Mir kriege alle Tage viele Briefe, sie schreibe alle, wir möge antworte, ob sie könne komme, ob da was ist für sie. Ich weiß nicht. Wir können noch nicht schreiben, wir sitzen noch selber arg schlecht. Wenn wir jetzt täte schreibe, daß es arg schön ist – nicht unbedingt, daß es schön ist – aber, daß es da was gibt, für die Deutschen; ich weiß nicht, aber da täten alle kommen. Unser Dorf täte alle gleich komme."

„Wie groß ist denn euer Dorf?"

„Na, so wohl 600 Leute sind. Die meisten sind noch dageblieben."

Nina erzählt dann, daß z. B. aus Alma-Ata schon viele nach Deutschland ausgesiedelt sind, weil es dort schlechter sei als im übrigen Kasachstan.

Ich komme wieder auf die Situation in Gilge zurück: „Wo habt ihr denn überhaupt Einkaufsmöglichkeiten?"

„Auf der anderen Seite des Flusses. Aber gerade nur Brot, sonst ist da nichts."

„Und wenn ihr andere Sachen braucht, wo fahrt ihr hin?"

Nach kurzem Zögern lacht sie laut auf: „Andere Sache ist da nirgends nicht."

„Habt ihr hier Vieh?"

„Zwei Kühe haben wir".

„Und zwei Hunde", wirft Sascha ein.

„Na, das sind zwei Esser mehr", antworte ich. „Habt ihr die Kühe hier gekauft?"

„Ja."

„Was kostet eine Kuh?"

„10.000 bis 15.000 Rubel für eine Kuh".

„Ihr melkt die Kühe. Gebt ihr die Milch weg, oder verbraucht ihr sie selber?"

„Nein, wir sind zu viele, wir haben nur zwei Kühe. Alles für uns, wir haben noch kleine Kinder."

„Anderes Vieh habt ihr nicht?"

„Nein."

Da meldet sich Eric wieder zu Wort: „Doch, a Has!" Alle lachen.

„Ja, ein' Hasen ham mir", pflichtet Nina noch einmal bei.

Mir schwant langsam, daß sich die Situation dieser Familien noch wesentlich düsterer darstellt, als der erste Eindruck vermuten ließ. Sie scheinen eine gehörige Portion schwarzen Humor zu besitzen, mit dem sie sich über ihre eigene Situation amüsieren. Aber das Lachen, das diesen Familien nicht verlorengegangen ist, sollte nicht über den gefährlichen Ernst ihrer Situation hinwegtäuschen.

„Wie versorgt ihr euch denn überhaupt, was eßt ihr?"

„Nu, so Brot, Milch".

Wieder lachen alle laut und schauen sich gegenseitig an.

„Und Wasser, wenn's kommt."

Wieder allgemeines Gelächter.

„Und das, was wir mitgebracht haben. Wir haben dort auch gehabt Kühe und Säue, und das Fleisch häm mir mitgebracht. Das, wenn's nun mal alle ist, dann ist alles alle."

Über diesen Spruch von Nina scheinen sie sich köstlich zu amüsieren.

„Dann ist grad Brot für alle Leut ...", setzt Nina noch nach.

Jetzt läßt Eric sich wieder vernehmen: „Dann müssen wir den Has' schlachten!"

Wieder allgemeines Gelächter.

Nina: „Aber der ist zu klein für uns alle."

Eric: „Den müssen wir füttern!"

Waldemar vonder Tür: „Das wird nicht langen."

Nina: „Im Sommer, wenn man wieder alles anbauen kann, Äpfel und Gurken, dann wird es besser. Ist doch arg schlecht, daß man nichts zu Essen kann kaufen. Ist ja überall alles leer. Nichts kriegt man nicht. Brot, weiter nix. Ist noch schön, des mir die Kuh hem. Da sind so viele Leute, die haben gar nix, ein paar Hühner und weiter nix. Und die kommen noch zu uns nach Milch. Da ist es schon so kommen, daß mir ham ihnen Milch gebe und sie bringe uns dann Kartoffeln und so was".

Früher haben diese Insel und das fischreiche Haff zwei ganze Dörfer ernährt. Heute leben neben den sieben rußlanddeutschen Familien nur noch ein paar alte Leute hier, vielleicht zwanzig russische Familien, mit ganz wenigen Kindern, schätzt Nina.

„Und du Lena, gehst du schon zur Schule?"

„Ja, in die fünfte Klasse."

„Wo ist die Schule?"

„In Elchwerder."

„Gibt es hier auf der Insel Telefon?"

„Nein, – doch, auf der anderen Seite des Flusses ist eines. Ist arg schlecht, wenn mal wer krank wird. Ich weiß gar nicht, was wir dann machen. Wir haben kleine Kinder ..."

Einen kurzen Moment lang wirkt selbst die kleine, mutige Nina etwas ratlos. „Wir ham'n Arzt da auf der Insel, aber du weißt ja,wie das ist. Wenn er mal nicht besoffen ist, dann kann er vielleicht helfen. Aber der ist mehr besoffe wie nüchtern."

Waldemar: „Die trinken doch alle!"

Wir beraten gemeinsam darüber, was man hier konkret machen könnte. Ziegel müßten her, damit man neue Häuser bauen kann. Eine Tischlerei wäre sinnvoll, eine Bäckerei und vor allem eine Räucherei. Fisch gibt es ja in Elchwerder. Man könnte ihn der Kolchose abkaufen und den geräucherten Fisch in Königsberg verkaufen. Dann müßte natürlich vor allem Gartenbau betrieben werden, damit die Familien sich selbst ernähren können. Aber die Nässe!

Man muß entwässern, darin sind sich alle einig. Wenn man in diesem Jahr noch erfolgreich etwas anbauen will, so muß bereits im Frühjahr mit dem Ziehen von Gräben begonnen werden. Die Männer sind bereit dazu. Sie sind begeistert von dem Gedanken, aus dieser Siedlung etwas zu machen. Aber sie schwanken zwischen der Bereitschaft, die Ärmel aufzukrempeln, und dem Gefühl, daß doch alles sinnlos ist. Die eiserne Zuversicht, daß es auf-

wärts gehen wird, die Seele in dieser engen, über-
füllten Stube, ist Nina.

„Das, was wir mitgebracht haben, das rettet uns
viel, Fleisch und Geld. Und wenn das nun aus ist,
dann ist alles aus. Ich weiß nicht, ich denke immer,
es wird alles noch schön!"

Ja, kleine Nina, es wird alles schön. Wir werden
dir dabei helfen, wir werden dafür sorgen, daß alles
gut wird. Wir schicken Edith schon vor die Tür.
Edith vertritt unsere Interessen, Edith ist eine von
uns. Sie versteht auch, daß diesen Menschen unser
Herz gehört, weil es unsere Menschen sind, weil wir
uns hier den Traum von einem Volk erfüllen, das in
Liebe zueinander steht in guten und schlechten
Stunden; den Traum von der großen Gemeinschaft,
vom Zusammenhalten; den deutschen Traum vom
deutschen Volk. Trotzdem ist es schwer für sie:
Edith liebt Deutschland, Theodor Storm, den deutschen Weihnachtsbaum, die deutsche Ordnung.
Aber hier, im letzten, gehört sie nicht dazu.

Die kleine, blonde Frau hat ganz nasse Augen,
als Henning ihr rasch und schlicht ein paar hundert
Mark zum Kauf von Vieh und Lebensmitteln in
kleinen Mark- und Dollarnoten hinblättert.

„Warum?" ist das einzige Wort, was sie hervor-
bringt und mich dabei hilfesuchend anblickt. Auch
ich kann nichts sagen. Mir sitzt ein Kloß im Hals.
Von einer Minute zur anderen sind alle Probleme,
die sich eben noch schier unlösbar vor Nina aufge-
türmt haben, die bange Frage, wie es in zwei Mona-

ten, wenn der Frühling kommt, weitergehen soll, ausgelöscht, fortgeweht, gelöst.

Wir stehen etwas verlegen und unschlüssig da, es ist mucksmäuschenstill im Raum, auch Ninas Schwester Elke steht regungslos. Da wird die kleine Frau wieder zur Wortführerin der Hoffnung, die uns hier nach Ostpreußen getrieben hat, von der wir beseelt sein werden, solange wir unserem geliebten, geschundenen Vaterland dienen können: „Es tut so wohl, zu wissen, daß wir in Deutschland nicht vergessen sind."

Sie sagt es ganz schlicht. Ich nehme sie in den Arm, drücke sie an mich und wundere mich dabei, wie klein sie wirklich ist: „Macht's gut, wir kommen wieder."

Nur die Männer begleiten uns auf dem Weg zurück zum Boot. Sie haben von alledem nichts mitbekommen. Schweigend gehen wir zurück, vorbei an alten Holzhäusern, schwarzen Bootsschuppen und dann an dem hohlen, fensterlosen Gebäude des alten deutschen Gasthofes der Familie Adomeit. Wir steigen in den Kahn. Eric, der jüngste der drei Männer, rudert. Sieben oder acht kräftige Schläge benötigt er nur, um das Boot auf die andere Seite zu treiben. Die drei steigen mit uns zusammen aus und stehen unschlüssig neben unserem Auto.

Die Zeit drängt jetzt. Es ist weit nach halb neun, und eigentlich sollte die letzte Fähre um halb neun die Insel verlassen. Wir rechnen jedoch fest damit, daß die Hoffnung auf eine Flasche Wodka den russischen Fährmann noch an seinem Boot hält. Aber wir müssen uns jetzt sputen. Schnell raffen wir aus dem Auto die Hälfte dessen, was wir für unsere Freunde in Trakehnen gekauft haben, zusammen. Hier wird es wichtiger gebraucht. Apfelsinen, Zitronen, getrocknete Aprikosen, Rosinen, Nüsse und einiges andere stopfen wir in eine Plastiktüte. Gerührt sehe ich, daß Henning kurzentschlossen in seinen Rucksack greift und einen Wollschal hervorbefördert, den ihm einmal eine Verehrerin gestrickt hat. Rasch stopft er ihn mit in die Tüte hinein, fast so, als ob ich es nicht sehen sollte. Wir drücken einem der Männer die Tüte in die Hand. Einige feste Händedrucke, wir besteigen den Wagen.

Als wir die spärlichen Lichter des Dorfes verlassen haben, ist es am Himmel völlig dunkel geworden. Nur der Mond taucht die verschneite Landschaft in sein weiches, blasses Licht. Schnell haben wir wieder die gepflasterte Straße und die Birkenallee erreicht. Ediths Vater fährt wie der Teufel. Ein Rad auf dem Mittelstreifen, ein Rad auf dem erhöhten Rand der Straße geht es auf die Fähre zu. Sie liegt am anderem Ufer. Alles ist dunkel. Wir betätigen Hupe und Lichthupe, dann sehen wir, wie der Fährmann auf der gegenüberliegenden Seite auf seinem Boot das Licht einige Male aus- und anschaltet: Er hat unser Signal verstanden und legt ab.

Wir steigen aus. Ich gehe hinunter zum Wasser und schaue auf die Fläche. Knorrige, schwarze Äste ragen aus dem Grund. Einige am Ufer abgebrochene Eisschollen dümpeln ein Stück entfernt auf der dunklen Wasserfläche. Die Fähre legt an. Während unser Auto die wenigen hügeligen Meter und dann über einen hohen Absatz auf die Fähre auffährt, gehen wir die paar Schritte zu Fuß nach. Ohne weiter mit uns Kontakt aufzunehmen, legt der Fährmann ab. Der Kutter gleitet zurück, dreht sich einmal neben der Fähre, das Seil strafft sich, es gibt einen kleinen Ruck. Dann nimmt die Fähre langsam, vom Motorgeräusch des Schleppers begleitet, ihre Fahrt auf.

Ich stehe am Geländer, schaue über das glucksende Wasser erst auf das gegenüberliegende Ufer nach Elchwerder, dann über den Fluß, um mich schließlich umzuwenden und zurück in Richtung Gilge zu schauen. Eine Zeit lang stehe und schaue ich und spüre, wie der Kloß im meinem Hals zurückkehrt. Ich fühle mich unbeobachtet, aber ich glaube, ich schäme mich auch nicht, als mir jetzt die Tränen über das Gesicht laufen. Es wird mir ein bißchen kalt. Ich schlage den Kragen hoch, wische mir über die Augen und drehe mich zum Auto um. Wir haben das andere Ufer erreicht.

Liebenfelde

Zu eigentlich unannehmbar später Zeit wollen wir noch einen letzten Besuch in dieser Nacht machen.

Die Uhr zeigt fast elf Uhr, als wir in Liebenfelde, etwa dreißig Kilometer östlich von Labiau, eintreffen. Hier wohnt in einem kleinen, weißen Haus direkt an der Straße Pastor Erhardt, der Gründungspfarrer der evangelisch-lutherischen Gemeinde in Königsberg. Zu unserer Überraschung ist Pastor Erhardt zu dieser vorgerückten Stunde nicht zu Hause. Er ist noch zu Besuch bei Nachbarn. Seine junge, freundliche Haushälterin bittet uns herein und bietet uns Tee an, den wir gerne annehmen. Die Unterkunft von Pastor Erhardt ist von der größten denkbaren Bescheidenheit. Im Prinzip besteht das Haus nur aus einem Wohnraum mit einer davorgebauten Küche. Außerdem gibt es ein winzig kleines Schlafgemach. Nach wenigen

Minuten trifft Pastor Erhardt ein. Das ist eine äußerlich immer noch kraftvolle, barocke Gestalt; ein vierschrötiger, seitlich kahlgeschorener Kopf auf einem massigen Drei-Zentner-Körper mit einem riesigen Bauch.

Wir haben die Wartezeit genutzt und unsere Kamera bereits aufgebaut. Diese Unhöflichkeit stört ihn in keiner Weise. Ohne unsere Vorstellung abzuwarten, beginnt er sofort zu erzählen. „Schön, daß ihr da seid. Dann kann ich euch gleich erzählen, wie alles gekommen ist und wie ich es sehe."

Wen er erwartet hat, bleibt auch im späteren Gespräch unklar. Dieser kranke und verbitterte Mann sucht einfach eine Möglichkeit, irgend jemandem seinen Kummer zu klagen. Er fühlt sich mißverstanden, ausgestoßen, abgeschoben. Seine Gemeinde in Königsberg hat er verlassen müssen, hier draußen in Liebenfelde ist er vom Geschehen abgeschnitten. In Deutschland war für einen VW-Bus für die Königsberger Gemeinde gesammelt worden. Noch immer hofft er darauf, daß dieser Bus irgendwann bei ihm eintrifft. Er versteht die Zeichen der Zeit nicht. Der Bischof von Riga, Kalnins, der ihn als Pastor nach Königsberg geschickt hatte, scheint es nicht übers Herz zu bringen, mit ihm ein offenes Wort über seine Abberufung zu reden. Nun sitzt er hier, von seinen Freunden, seiner Kirche und der Welt verlassen und wartet. Worauf?

Dieser alte, kranke Mann wird keine Rolle mehr bei der Entwicklung Nord-Ostpreußens spielen.

Aber er ist ein faszinierender Zeuge unseres Jahrhunderts, ein von Schicksal und Willkür Gebeutelter, der unser Mitgefühl verdient.

„Herr Pastor Erhardt, Sie sagten, daß Sie selber aus Königsberg kommen. Können Sie einiges über Ihre Lebensgeschichte erzählen?"

Das tut Pastor Erhardt gerne. Das ist sein Element. Er ist der geborene Erzähler und Prediger, mitleidheischend, theatralisch und unermüdlich. Es erfordert echte Kraftanstrengung, zwischen seinen Redefluß ab und zu eine Frage zu drücken.

Erhardt: „Meine Lebensgeschichte die ist so gewesen: Wir haben in Königsberg bis 1938 gewohnt, und zwar in der Nicoloviusstraße. Dort bin ich auch in die Schule gegangen. Die Straße habe ich wiedergefunden, aber mit dem Haus bin ich mir nicht sicher. 52 Jahre, die haben ein bißchen was aus dem Kopf herausgeräumt.

Vorher hatten wir in Elbing, im Freistaat, gewohnt. Mein Vater war beim Reichsarbeitsdienst, falls Sie mal davon gehört haben, was das gewesen ist. Na, ich halte das für eine gute Organisation. Die hat gebaut, hat Land getrocknet und hat auch die Jugend erzogen. Nicht so, wie es heute ist. Das muß man alles einmal festhalten.

Später war ich Landwirtschaftslehrling in Westpreußen, im Kreis Neustadt. Von dort bin ich zu einem Panzerjagdkommando als Verbindungsmann beim Stab gekommen. Ich war damals erst 14 Jahre alt. Aber ich war als junger Kerl groß und kräf-

tig, so daß man mich immer für 18 oder 19 Jahre gehalten hat.

Dort wurde ich einige Male verletzt, nicht so
schwer, aber es hat gereicht! Jetzt im Alter spürt
man das alles, spürt man die Narben gut. Einmal
bin ich aus dem zweiten Stock herausgeflogen,
aber ich bin immer weitergegangen. Ich habe den
ganzen Krieg dort von 1944 bis zum April 1945 selber mitgemacht.

Dann kam ich am Kriegsende nach Dänemark
heraus. Da bekam ich Typhus. Ich habe dort lange
im Lazarett gelegen. Aber mir ist immer im Kopf
herumgegangen, wo wohl meine Mutter geblieben
ist und meine Geschwister. Mein Vater war gefallen. Er ist irgendwo bei Gelsenkirchen begraben.
So habe ich mir also vorgenommen, ich muß die
Mutter suchen. Das war mein Dickkopf. Hätte ich
noch ein bißchen länger gewartet, dann hätte sich
alles von selber gefunden. Da war ein Arzt in dem
Lazarett, der hat mich gewarnt, auf eigene Faust
auf die Suche zu gehen. Aber ich bin doch durchge-
brannt. Ich bin mit der Fähre nach Jütland überge-
setzt, und als ich nach Deutschland hineingekom-
men bin, war ich auch in Hamburg."

„Wie hat Hamburg denn 1945 ausgesehen?"

„Da waren nur noch ein oder zwei Häuser am
Bahnhof. Daran kann ich mich noch entsinnen. Da
haben deutsche Bahnarbeiter gearbeitet, als ich
entlanggekommen bin. Die Neger standen da mit
Maschinenpistolen. Das hat schwer auf mich ge-

wirkt. Und die ganze Stadt war eine einzige Ruine. Meine Mutter war in Hamburg, aber das habe ich ja nicht gewußt, daß die im letzten Moment noch rausgekommen war. Vorher war sie zuletzt in Graudenz gewesen. Da hatte ich sie im November 1944 noch besucht. Da ging schon alles durcheinander. Wir haben nicht gewußt, ob wir uns noch einmal wiedersehen würden, und sie hat zu mir gesagt, ich werde mich bis nach Nidden durchschlagen. Dort werde ich abwarten, was weiter geschehen wird.

Na ja, und deshalb habe ich mich selbst also ebenfalls nach Nidden durchgeschlagen. Ich bin zu den Russen rübergegangen ohne Papiere, die hatte ich ja nicht. Dann habe ich mich an Litauer angehängt, dann an Letten. Wenn die Züge kontrolliert wurden, bin ich schnell auf Güterzüge rübergesprungen, wenn der Zug dann weiterfuhr, bin ich zurückgesprungen, und so ging es weiter und weiter nach Osten. Auch zu Fuß. Schließlich bin ich in Königsberg angekommen. Augenblick mal, vorher war ich noch in einem russischen Lager für zurückkehrende russische Ostarbeiter. Da habe ich mich heimlich reingeschmuggelt und konnte als Heizer arbeiten. Da gab es zwanzig oder dreißig Feldküchen für die Heimkehrer, und da bin ich eine Zeitlang geblieben und dann von dort aus nach Königsberg gegangen. Dort haben mich zwei Mongolen angehalten, mich an die Wand gedrückt und wollten mich kaltmachen. Da habe ich einmal nach links und rechts ausgeholt und dann bin ich weg.

Von da aus ging es zu Fuß weiter nach Labiau. Da mußte ich aufpassen, denn ich habe gewußt, daß man mich jetzt überall suchen wird. Dann bin ich über das Eis nach Nidden gegangen, bei 35 Grad Frost. Das war der 31. Dezember 1945 oder auch schon der 1. Januar 1946. Die Zeit wußte ich damals nicht so genau. Jedenfalls traf ich 1946 in Nidden ein. Und da, vierzig oder fünfzig Meter vorm Ort, auf einmal ,Hände hoch', Schlagbaum, da war ich fertig.

Dann haben sie mich in die Mangel genommen, da war ein russischer Kapitän, der war nicht so schlecht. Ich habe ihm erzählt, daß ich in Dänemark entwischt bin und wo ich hergekommen bin. Aber da war ein jüdischer Kommissar, der hat mich furchtbar gequält. Der wollte mir immer anhängen, daß ich viel älter bin. Der wollte mich immer fünf Jahre älter machen, damit sie mich wegschaffen können nach Sibirien. Es haben sich aber ein paar Leute in Nidden gefunden, die haben sich noch erinnern können, wie ich früher mit meiner Mutter nach Nidden gekommen bin. Die konnten sich noch an meine Faxen erinnern. Da habe ich einmal einen Kahn losgebunden und wollte allein rumfahren, aber da hat mich der Wind weggetragen.

In Nidden fanden sich entfernte Verwandte von mir, die sich dafür eingesetzt haben, daß ich nicht weggeschafft wurde. Ich konnte dort anfangen, als Fischer zu arbeiten. Aber es gab immer wieder Versuche, mich wegzuschaffen. Heute durfte ich arbeiten, morgen mußte ich wieder weg. Ich mußte zu Fuß nach Memel gehen und sollte dort arbeiten. Es war eine schlimme Zeit.

1958 wurde ich dann nach Kasachstan geschickt. Offiziell hieß es, daß ich zur Erntehilfe sollte. Aber das stimmte nicht. Sie wollten mich dahin abschieben. Da lebten viele Deutsche, und sie dachten, daß ich dort auch einheimisch würde. Ich hatte einen zeitlich befristeten Ausweis. Eine Kennkarte, aus der man sehen konnte, daß ich Deutscher war. Sie haben damals immer auf mich eingeredet, ich solle die russische Staatsangehörigkeit annehmen. ,Du siehst doch, wieviele Deutsche hier leben,' sagten sie zu mir. Und ich wußte auch nicht, was einmal werden wird, was weiter kommen wird. Ich dachte, das wird sich schon zeigen. Und sie sagten wieder zu mir: ,Bleib hier. Du wirst hier auch eine Frau finden, du arbeitest hier und bist hier und bist unter deinen Leuten.' Und ich lebte da nicht unter Deutschen aus dem Wolgagebiet, sondern unter Modessa-Deutschen. Die stammten aus dem Modessagebiet. Die sprachen viel besser Deutsch. Sechzig Prozent von denen waren bei der Deutschen Wehrmacht gewesen, auch bei Spezialverbänden. Die haben hier ihre Strafe abgebrummt.

Ja, und so nach und nach habe ich mich am Ende überreden lassen, habe geheiratet und bin dage-

Idylle am Kurischen Haff unweit von Gilge

Auf einem alten deutschen Friedhof kurz vor Elchwerder sind, wie an vielen anderen Orten, die deutschen Gräber auf der Suche nach Wertgegenständen geschändet worden

Mit einer abenteuerlichen Kolchosfähre muß man über die Wiepe setzen, um nach Gilge zu gelangen

Zu Ninas Familie muß man anschließend noch über die Gilge rudern. V. l.: Ninas Schwägerin Roses, Dolmetscherin Edith, bundesdeutscher Helfer

Eines der schönsten Häuser Gilges, das ehemalige Gasthaus der Familie Adomeit, ist im Verfall begriffen

Viele herrliche alte Holzhäuser stehen dagegen noch und erfreuen das Auge des Besuchers

Stolz zeigt Nina (rechts) Helge Redeker (links) das Ergebnis des Fleißes ihrer Familie: Neuer Schuppen, Heu, Vieh

Nina (links) mit einigen Familienmitgliedern vor ihrem Gewächshaus, inmitten von Gemüse und Blumen. Bildmitte: Helge Redeker

Jetzt können die Kinder der rußlanddeutschen Familien in Gilge wieder lachen

Völlig frei und ausgelassen können die Kinder Ninas in diesem Naturparadies aufwachsen

Lieber Ditmar!

Ich bin erstaunt das du viele Menschen und Deutschland auf unser leben und Ostpreussen aufmergsam gemacht hast. Täglich kommen nach Gilge viele Deutschen die uns Seelisch und materiel helfen wolen.

Nosh mal vilen Dank w für deine Hilfe. Aus Plastik das du uns kebracht hast haben wier ein großes Geweks Haus gemacht. Aus dem Samen das du uns übergegeben hast habe ich und andere Russlands-deutsche viele Gemüse und Blumen geerntet. Wich wonen jetzt im anderem Haus, wo uns

Dankbrief von Nina aus Gilge an Verleger Dietmar Munier und alle Spender und Helfer der Aktion „Deutsches Königsberg"

so gefelt aber es kann
nicht unser sein, weil
dieses Haus und auch
fast alle Häuse un
Gilge Rusischen AG
geheren.
Vom Geld das die
Deutsche heute für
uns gesamelt haben und
das du uns gebracht hast,
– haben wir eine Kuh,
vier Schweine und Hürer(40)
gekauft. V für 51000 Rubel
haben die Mener Breter
gekauft Jetzt ist dom disem
Holz das Haus meines
Bruder in Elchwerder
, renoviert.
Noch mal vielen Dank
von uns allen.
                Deine Nina Kamp.
                      (Helena)
Gilga 16 August 1982.

Das ist alles, was von Tawe übriggeblieben ist. Einst gab es hier, fünf Kilometer nördlich von Gilge, ein blühendes deutsches Fischerdorf

blieben. Meine Frau hatte schon drei Kinder. Ihr Mann war umgekommen, und dann haben wir noch fünf Söhne bekommen. Das waren dann acht Kinder.

In dieser Zeit hat man an Glauben nicht gedacht. Das muß ich Ihnen ehrlich sagen. Wir haben gearbeitet, haben zugesehen, daß wir unseren täglichen Lohn verdienten. Wenn man dann später Kartoffeln hatte, womöglich seine eigene Kuh zum Melken, wenn man eine Lebensmittelkarte hatte, dann war das schon viel. Dann wurde man schon einheimisch. Um Politik habe ich mich wenig gekümmert. Nur die anderen haben uns spüren lassen, daß wir Deutsche sind. Wir wurden öffentlich als ,Faschisten' bezeichnet. Und zwar so massiv, daß heute keiner meiner Jungens mehr Deutsch spricht. Die wollten lieber nichts davon wissen.

Ich bin später von da aus auf eine Sowchose hinausgekommen. Das ist eine Staatswirtschaft. Ich war inzwischen als Mechaniker ausgebildet. Der Direktor der Sowchose hieß Wolf. Das war ein Deutscher aus dem Wolgagebiet. Mit dem haben wir elf Jahre lang zusammengearbeitet. Das war eine gute Zeit. Wir haben deutsche Disziplin gehalten. Was heute Abend besprochen wurde, das mußte morgen gemacht werden. Aber nicht übermorgen!"

„Und wie sind Sie dann von dort aus nach Königsberg gelangt?"

„Nun, ich habe dort viele Jahre gearbeitet. Dann

bekam ich zwei Gelbsuchten und einen Herzinfarkt. 1975 kam ich auch noch auf den Operationstisch. Man hat mir die Gallenkanäle und die Blase operiert. Danach habe ich nicht mehr als Mechaniker arbeiten können. Da habe ich verschiedene Arbeiten gemacht, und zwei Jahre später starb dann meine Frau. Sie hatte Krebs, der saß überall, an der Leber, am Magen und auf der Speiseröhre, und die medizinische Behandlung war ja schlecht. Da hat sich keiner richtig drum gekümmert.

Damals, nach dem Tod meiner Frau, kam mir zur Besinnung, daß mir etwas im Leben fehlt. Und das war der Glaube. Meine Mutter war eine sehr gläubige Frau gewesen, mein Vater war kein Christ. Ich wurde dann mit evangelischen Leuten bekannt und habe dort bei der Andacht zugehört. Da wurde ich aufgefordert, selber zu predigen. Da bin ich aufgestanden und habe frei vor den Menschen gesprochen. Da haben sie mich gedrängt, daß ich es dauernd tun soll. Und so fing ich an zu predigen.

Es gab aber nur an wenigen Orten eine evangelische Gemeinde. Schon ein paar Kilometer weiter auf der Steppe war keine. Ich war auf einer Beerdigung, da waren zwei deutsche Leute, ein 34jähriger und ein 37jähriger, in einem Graben, als sie Rohre legen wollten, verschüttet worden und umgekommen. Als ich hinterher über den Friedhof gegangen bin, habe ich dort viele, viele deutsche Gräber gesehen. Da hat sich mir das Herz zugeschnürt. Da habe ich gedacht, fern ab von ihrer Heimat sind sie gestorben. Keiner hat ihnen den letzten Segen, die letzte Vergebung, ein letztes Wort gegeben. Das hat mich zum Pastoren gemacht.

Ich habe dann eine kleine Gemeinde gegründet, die von überall her zusammenkam und war für sie bei Sturm und Regen unterwegs. Zuerst habe ich noch als Maschinenverwalter in der Sowchose gearbeitet. Da wurde ich plötzlich nach Riga gerufen. Es war dem Bischof Kalnins zu Ohren gekommen, daß ich eine Gemeinde leitete. Ich bin dann in Riga zwei Jahre lang zum Pastor ausgebildet worden. Das war sehr schwer für mich, das können Sie sicher verstehen. Ich hatte keine höhere Schulbildung und beschäftigte mich erst seit kurzer Zeit mit der Religion – und jetzt auf einmal Pastor werden. Aber ich habe mich angestrengt und habe Tag und Nacht gearbeitet. Ich sagte zu Bischof Kalnins: ‚Wie kann ich das nur schaffen?' Da sagte er: ‚Sie müssen es schaffen.' Und dieses ‚Muß' hat mich so weit gebracht, daß ich es fertiggebracht habe, mein Ziel zu erreichen. Und das Ziel war, nachher als Pastor nach Königsberg zu kommen. Dort ist nämlich meine Heimat."

„Und wann sind Sie genau nach Königsberg gekommen?"

„Ich bin im Oktober 1990 durch den Bischof von Riga nach Königsberg geschickt worden."

Pastor Erhardt erzählt dann, wie sich kurz zuvor die evangelisch-lutherische Gemeinde unter Rubin Stobert als Gemeindeleiter gebildet hat. Stobert war Stellvertreter der „Eintracht" von Viktor Hoffmann. Erhardt schildert die Querelen, die sich zwischen den Neuapostolischen und Evangelisch-lutherischen in Königsberg ergeben haben. Zur Jahreswende 1991/92 hat Pastor Erhardt seinen zweiten Herzinfarkt erlitten. Er wohnte damals bereits in Liebenfelde. Da er kein festes Gehalt bekam, sondern nur in unregelmäßigen Abständen einmal 300, 400 oder 500 Rubel aus Riga bekam, konnte er sich in Königsberg keine Wohnung leisten.

„Wie sieht es denn hier in Liebenfelde aus? Wieviele deutsche Familien schätzen Sie, sind hier im Umkreis?"

„Ich schätze, es werden ungefähr 100 Familien sein. Genau weiß ich das nicht, ich bin zu wenig herumgefahren und rumgekommen und erfahre das meiste nur von Leuten, die ich getroffen habe."

„Und haben Sie eine Vorstellung davon, wieviele Deutsche inzwischen im gesamten Nord-Ostpreußen leben?"

„Also, das müßten schon 50.000 bis 60.000 Personen sein, im gesamten Nord-Ostpreußen. Viele kommen, aber einiges wird jetzt auch wieder gestoppt. Zum Beispiel aus Kasachstan bekommt man seine Habe nicht mehr heraus. Mein Junge mußte alles in Säcken herüberbringen. Was er an Möbeln besaß, mußte er dalassen. Sie lassen nichts mehr heraus."

„Ist das die neueste Entwicklung seit dem Ende der Sowjetunion?"

196

„Ja, das ist erst jetzt, seit kurzem. Man bekommt dauernd Neuigkeiten."

„Kennen Sie noch weitere Schwerpunkte von Rußlanddeutschen, zum Beispiel Friedland, südlich von Königsberg?"

„Ja, davon habe ich gehört, dort soll es 100 deutsche Familien geben. Aber ich bin selbst dort noch nicht gewesen."

„Wie denken Sie über die Idee, das autonome Gebiet für die Rußlanddeutschen hier im nördlichen Ostpreußen einzurichten?"

„Ich will Ihnen ehrlich sagen: Ich bin für die Autonomie. Aber das ist ein Problem. Wenn man von der Autonomie spricht, dann gibt es nur große Aufregung. Ich denke, hier muß anders gearbeitet werden. Ich denke, man sollte stillschweigend ansiedeln und arbeiten. Finden sich hier erst einmal deutsche Ingenieure ein, dann kommt auch deutsche Intelligenz; sind hier erst mal mehr deutsche Kinder, dann kommt ganz von selbst die Frage nicht nur nach Volksschulen, sondern auch nach höheren Schulen, bis hin zu einer Universität. Das muß langsam geschehen. Es ist besser, wenn man jetzt ansiedelt und vorläufig von seinem Recht nicht spricht. Das Recht kommt von allein."

Nach diesem eindrucksvollen Gespräch bittet Pastor Erhardt uns noch, zu einem Nachtmahl sein Gast zu sein. Da wir selber allerhand Vorräte bei uns haben, bekommen wir eine ganz schöne Tafel zusammen, und Pastor Erhardt langt ordentlich zu.

Während des Essens erzählt er unaufhörlich weiter und redet sich seinen ganzen Kummer von der Seele.

Dieser alte, kranke Mann mit seinem schweren Lebensschicksal hätte es verdient, daß seine Kirche ihm Klarheit verschafft und ihm seinen Frieden wiedergibt.

Pioniere

Mühsam kämpft sich unser Lada durch die Nacht.

Unaufhörlich schlägt jetzt wieder nasser Schnee gegen unsere Windschutzscheibe, um sofort zu zerschmelzen. Es ist schwer, in diesem Schneetreiben die Richtung zu halten, zumal unserem Fahrer immer wieder die Augen zufallen. Wir fahren zunächst ein kleines Stück in Richtung Tilsit und biegen dann bei Kreuzingen auf die Straße nach Insterburg ab.

Es ist ein Jammer, daß wir zu dieser späten Stunde durch die weite ostpreußische Landschaft fahren. Statt etwas von Land und Leuten zu sehen, leuchten unsere Scheinwerfer nur die nicht abreißenden, nie endenden Reihen von Bäumen ab, die als Alleen unseren Weg säumen. Kurz vor Insterburg passieren wir Georgenburg, wo sich ein noch halbwegs funktionierendes Trakehner-Gestüt befindet. Von Insterburg aus geht es weiter in Richtung Gumbinnen. Nach ein paar Kilometern kann man rechts nach Angerapp abbiegen.

***

Sechs Wochen später, bei meiner nächsten Reise werde ich diesen Weg einschlagen, um in Ullrichsdorf die Familie Adolf Gomer zu besuchen. Gomer ist Ältester der Deutschen im Kreise Angerapp. Wir finden hier eine relativ weit entwickelte Struktur der Rußlanddeutschen im Kreisgebiet vor. Das liegt daran, daß die Familien fast alle aus Kirgisien stammen, großenteils sogar aus einem Ort. Adolf Gomer genießt hier uneingeschränkte Autorität – und die verdient er auch.

Was er mit den Familien seiner beiden erwachsenen Söhne und einer erwachsenen Tochter hier in kurzer Zeit aufgebaut hat, ist wirklich beachtlich. Die vier Familien wohnen in einem kleinen ehemaligen Gutshaus direkt an der Straße. Sie haben dieses Haus, das bereits zum Abriß, zum Ausschlachten freigegeben war, in mühevoller Arbeit vorbildlich wieder hergerichtet. Das Haus ist jetzt in vorzüglichem Zustand und bietet soviel Platz, daß man auch Gäste unterbringen kann.

Adolf Gomer ist ein hochgewachsener Mann mit weißen Haaren und einem aristokratischen Kopf. Zum Interview wählen wir den Eingangsbereich des Hauses mit der Treppe zum zweiten Geschoß

aus. Adolf Gomer setzt sich mit seiner Frau, einer
fülligen, selbstbewußten Persönlichkeit, die engagiert und klug am Gespräch beteiligt ist, neben
mich vor die Kamera.

„Seit wann sind Sie hier in Ullrichsdorf?"

Adolf Gomer: „Seit 1990."

„Und wo sind Sie hergekommen?"

Seine Frau antwortet: „Aus Kirgisien."

„Wie sind Sie auf die Idee gekommen, ausgerechnet hierher zu fahren?"

Zunächst führt Frau Gomer das Gespräch: „Ja,
dort wurde es immer schwieriger für uns zu leben.
Da haben wir einen Ausweg gesucht."

„Und worin bestanden die Schwierigkeiten?"

„Worin? Die Kirgisen, die wollten selbständig
sein, ihre eigene Sprache einführen. Und unsere
Kinder arbeiteten auf solchen Stellen, wo sie ihre
Sprache benutzen mußten. Und Kirgisisch können
sie nicht. Na, was ist uns da übriggeblieben. Da
mußten wir einen anderen Ausweg suchen. Da haben wir aus dem Fernsehen erfahren, daß hier
im Königsberger Gebiet so ungefähr 16.000, meine
ich ..."

Ihr Mann unterbricht sie: „16.000 bis 20.000."

Seine Frau fährt fort: „Bis 20.000 Deutsche aufgenommen werden sollen. Nun, da haben sich unsere Kinder auf den Weg gemacht und haben sich
das mal angesehen. Sie haben gesucht und gefragt,
und schließlich haben sie in dieser Kolchose Arbeit
gefunden und dieses Haus. Na, das hat aber anders

ausgesehen als heute. Das war schlimm. Ohne Fenster, ohne Türen, nur die nackten Wände."

Adolf Gomer: „Das Dach war halb ab. Hier fehlten vier Reihen Dachpfannen, dort fünf Reihen. Wasser ist von oben und von unten hereingelaufen."

„Und so hat das mehrere Jahre gestanden?"

Frau Gomer: „Die wollten das schon auseinandernehmen."

„Was war das denn für ein Gebäude früher?"

Adolf Gomer: „Was es ursprünglich einmal war, wissen wir gar nicht genau. Es gab mal eine Sägerei dazu, da drüben. Dann war hier Kommandantur, dann war Schule hier, dann haben Leute hier gewohnt, solange, bis von oben Regen durchkam und von unten das Wasser hochkam."

„Jetzt sieht das Haus ja tadellos aus!"

Frau Gomer: „Na, da ist noch viel zu tun."

„Aber das Dach ist dicht."

Frau Gomer: „Ja, ja."

Herr Gomer erläutert: „Vier Mann haben einen ganzen Monat lang am Dach gearbeitet."

Die Frau ergänzt: „Hauptsächlich die Ziegel."

„Wo haben Sie neue Ziegel herbekommen?"

„Die haben wir hier gekauft", sagt Herr Gomer, „und zwar von Häusern, die abgerissen wurden."

Frau Gomer: „Hier ist auch kein Wasser gewesen. Und auch keine Heizung. Das haben wir alles selber gelegt. Wir haben jetzt eine Wasserheizung im Haus."

Herr Gomer: „Ja, wir heizen nur an einem Ofen, und dann geht das durch das ganze Haus, auch in den zweiten Stock und alle Wege."

Herr Gomer erzählt uns dann von den privaten Lebensverhältnissen. Er hat zwei Söhne und eine Tochter mit ihren Familien mit hergebracht. Einer davon macht sich jetzt als Bauer selbständig.

Adolf Gomer: „Aber ich glaub' da noch gar nicht dran. 22 Hektar Land haben wir jetzt bekommen."

„Aber noch keine Technik", wirft seine Frau ein.

Herr Gomer: „Keine Technik, bloß Land. Da hat mein Schwiegersohn jetzt schon angefangen trockenzulegen. Im Moment sind das alles Wiesen oder Inseln. Auch acht Hektar Ackerland sind dabei. Wenn er das fertigbekommt, das Land unter den Pflug zu nehmen und das andere zum Heumachen, das wäre gut. Jetzt steht da noch das Wasser. Das Wasser muß unbedingt abgeführt werden."

„Nun fehlen Ihnen aber Maschinen?"

„Ja", sagt Herr Gomer, „in Trakehnen, da gibt es auch eine Familie aus Kirgisien. Holzmann, die haben 150 Hektar Land gepachtet. Und die haben auch keine Technik und gar nichts."

Ich erzähle Herrn Gomer, daß wir Familie Holzmann kennen und ihnen schon unsere Hilfe zugesagt haben.

„Was macht Ihr Schwiegersohn nun, da er noch keine eigenen Maschinen hat, leiht er sich die Maschinen bei der Kolchose?"

„Deswegen war er jetzt dort und hat mit ihnen

gesprochen", erzählt Herr Gomer. „Da hat der Vorsitzende gesagt, daß sie ihm helfen wollen. Da muß er aber bezahlen. Und dann wollen sie das ackern. Ja, woll'n mal sehen, ob das klappt. Die tun immer viel versprechen, und dann geht's in Wirklichkeit schwer. Dann hat der Kolchosvorsitzende Urlaub, dann muß der Ökonom in den Urlaub und dann der andere. Dann der Brigadier und dann ist der, der den Traktor fahren muß, dran. Da sind insgesamt sechs Mann dran beteiligt. Die wichtigsten sind der erste und der letzte, der, der es erlaubt hat und der, der was machen soll. Und die anderen können auch alle hemmen, daß da nichts passiert. So geht das bei uns zu. Wir wollen trotzdem hoffen, daß es gut geht."

Herr Gomer erzählt uns dann über die Berufstätigkeit seiner Söhne. Einer hat auf einem staatlichen Baubetrieb gearbeitet und ist jetzt zu Hause.

„Die müssen jetzt weniger Arbeiter haben, da müssen ein paar weg. Da nehmen sie zuerst die, die Zugereiste sind. Die, mit denen sie schon lange gearbeitet haben, die halten sie fest. Mein Sohn ist nicht etwa entlassen worden, aber die Verhältnisse sind so, daß er sich entschlossen hat aufzugeben. Er hilft jetzt hier auf dem Hof."

„Leben Sie denn jetzt hier zur Miete?"

„Nein, das ist unser eigenes Haus."

„Das haben Sie gekauft?"

„So, wie es gestanden hat, zum Abreißen fertig, so haben wir es gekauft."

Frau Gomer: „Haben Sie sich eigentlich schon die Ställe für das Vieh angesehen?"

„Ja, das können wir uns zusammen gleich noch einmal genauer ansehen", lade ich die Familie Gomer ein.

„Das haben meine Söhne jetzt gemacht, damit das Vieh überwintern kann. Sie haben soviel gemacht, wie sie den Sommer über Kraft hatten. Das ist das, was da stehen tut."

„Und eine kleine Werkstattkammer haben Sie außerdem gebaut ..."

Herr Gomer: „Das haben wir alles selbstgemacht, nichts gekauft. Das Werkzeug haben wir von Kirgisien mitgebracht."

Herr Gomer ist stolz darauf, daß sie alles, was man hier sehen kann, aus eigener Kraft aufgebaut haben. Es ist wirklich beachtlich, was diese Großfamilie geleistet hat. In der Werkstatt steht unter anderem eine Kreissäge, die aus verschiedenen Einzelteilen selber zusammengebaut ist.

Mich interessiert auch, was diese fleißigen Menschen über die Geschichte dieses Landes wissen: „Als Sie in Kirgisien im Fernsehen gesehen haben, daß man hier nach Königsberg gehen kann, wußten Sie, daß das ein deutsches Gebiet war?"

Frau Gomer: „Ja, ja, gewiß!"

Herr Gomer pflichtet ihr bei: „Ja, das haben wir gewußt."

„Und woher haben Sie das gewußt?"

Frau Gomer: „Aus der Geschichte."

Herr Gomer muß lachen und schüttelt ein wenig nachsichtig den Kopf: „So viel wissen wir."

„Das wußten Sie aber aus Ihren Familien und nicht aus dem Schulunterricht?"

Frau Gomer: „Nein, nicht aus dem Unterricht, nur aus den Familien, vom Kriege her. Das war uns allen bekannt."

„War das für Sie auch ein Grund, hierher zu gehen?"

„Wir haben vorher geschaut an der Wolga und an anderen Plätzen. Wir haben gespürt, wir mußten da raus. In der Ukraine haben wir auch geschaut. Ein Junge ist jetzt noch in der Ukraine. Aber die wollen da auch keine Deutschen. Da habe ich zu meinen Jungs gesagt, wir sollen uns diesen Platz anschauen. Und nun sind wir hierher. Solange sie uns dalassen." Er lacht: „Woll'n mal sehen."

„Wieviele deutsche Familien gibt es hier in Ihrer Umgebung? Kennen Sie weitere Familien?"

Herr Gomer: „Hier für den Kreis habe ich eine Aufstellung, eine Liste. Da gibt es 125 Familien, 522 Mann, die jetzt aufgeschrieben sind. Das habe ich alles gemacht. Ich bin als Ältester hier und hab' zu Hause in der Schule gearbeitet. Die, die hier wohnen, die sind meistens von dort aus unserem Dorf und kamen dann zu mir und haben gesagt, mit wem sollen wir reden, haben die gesagt. So kam das."

„Sie sind also von den Deutschen hier der Sprecher, das Oberhaupt?"

Beide: „Ja, ja."

Und der Mann erläutert noch: „Wenn sie wollen was sprechen, dann mach' ich das. Dorthin fahren und dorthin fahren. Das haben wir jetzt die ganze Zeit gemacht."

Wir erkundigen uns nach der Versorgungslage und erfahren, daß man nur wenige Sachen bekommt und diese auf Bezugsscheine.

Herr Gomer: „Im Moment ein Kilo Zucker, ein halbes Kilo Mehl, ein halbes Kilo Grütze, was war da noch? Ein Paket Nudeln ..."

„Und welche Sachen können Sie frei kaufen?"

„Dort in der Stadt, in Insterburg, ist Markt. Da kann man fast alles kaufen. Zehn, zwölf, zwanzig mal teurer, wenn das Geld da ist."

„Darf ich mal zur Orientierung wissen, was zum Beispiel Ihr Sohn verdiente, als er auf dem Bau gearbeitet hat?"

Frau Gomer: „Das waren 2.000 Rubel."

Herr Gomer: „Wir bekommen 700 Rubel Rente. Ich 400 Rubel und meine Frau 300 Rubel. Neulich haben sie im Fernsehen ausgerechnet, wieviel sein muß, damit man durchkommt. 1.200 bis 1.500 Rubel. Aber wir haben noch viel von Kirgisien mitgebracht, Mehl zum Beispiel."

Frau Gomer: „Und einen Garten haben wir. Einen Garten hatten wir gleich. Wir haben alles eigenes Gemüse. Gurken und vieles andere haben wir eingemacht. Und Kartoffeln haben wir. Und das, was wir von Kirgisien mitgebracht haben. Da geht es. Wir dürfen nicht klagen."

„Und was haben Sie an Tieren?"

Herr Gomer: „Wir haben gar nichts, aber der Sohn hat eine Kuh."

Frau Gomer: „Jeder hat eine Kuh. Er hat sogar zwei Schafe."

„Was machen Sie mit den Schafen?"

Frau Gomer: „Zu Fleisch."

Herr Gomer: „Wolle wird auch gemacht. Wir scheren sie auch."

Wir kommen noch einmal auf die Situation der Landwirtschaft zurück: „Was brauchen Sie am dringendsten?"

Herr Gomer: „Die Männer brauchen Maschinen. Das ist die Hauptsache. Pflug, Schlepper, Mähmaschine, was man zum Heumachen braucht. Das reicht."

„Also normale Maschinen, die man hinten an den Trecker spannt?"

„Ja, im Moment haben wir gar nichts. Wir haben einen Spaten und eine Sense."

„Und damit haben Sie im vorigen Jahr das ganze Futter gemacht?"

Herr Gomer: „Da sind sie alle dabeigewesen. Erst haben sie auf der richtigen Arbeit gearbeitet und dann hier auf dem Hof von morgens früh bis abends spät, ohne Ruhetag. Nicht einmal. Aber wir haben dann schön gemäht, und das Futter hat gereicht."

„Wie sind denn die Erträge?"

Frau Gomer: „Hier bearbeitet sich das Land viel

schwerer als in Kirgisien. Aber mit dem Ertrag vom letzten Sommer waren wir sehr zufrieden."

Ich bin etwas erstaunt: „Eigentlich sollen das ja hier sehr schwere und gute Böden sein?"

„Jetzt ist das alles ziemlich verhärtet", erläutert Herr Gomer.

„Das ist nicht richtig verarbeitet. Das meiste lassen sie liegen, weil es versumpft ist. Wenn das alle Jahre verarbeitet wird, wie das früher einmal war, dann denke ich, daß es gut sein wird."

Wir wollen jetzt auf die Frage des Deutschunterrichtes zu sprechen kommen und wollen prüfen, ob auch hier geholfen werden kann: „Sie sprechen ja alle sehr gut Deutsch. Wie sieht das nun in der dritten Generation bei Ihren Enkelkindern aus?"

Herr Gomer muß tief seufzen.

Frau Gomer: „Unsere Enkelkinder, die sprechen schon nicht mehr und schreiben auch nicht mehr Deutsch."

„Haben Sie denn, als Sie noch in Kirgisien waren, zu Hause in den Familien Deutsch gesprochen?"

„Gesprochen haben wir schon noch Deutsch. Aber sehen Sie, wie da die Lage war. Die Frauen mußten doch alle arbeiten. Da mußten die Kinder in den Kindergarten gehen. Wenn da nur zu Hause Deutsch gesprochen wurde, dann war das zu wenig. Im Kindergarten war alles russisch. Dann in die Schule. Wieder alles russisch. Die ganze Umgebung, alles russisch. Und so ist es passiert, daß die

Enkelkinder überhaupt nicht mehr Deutsch sprechen. Aber unsere Kinder, unsere eigenen Kinder, die können noch."

Der eine Sohn der Familie, Gerhard, hat sich schon eine ganze Zeitlang dazugesellt. Er ist ein paar Stufen die Treppe hinaufgegangen, hat sich schweigend auf das Geländer gelehnt und zugehört. Jetzt kommt plötzlich ein zweiter Mann herein, sein Bruder. Er trägt einen riesigen abgeschnittenen Schweinekopf im Arm und hält ihn direkt vor die Kamera.

„Wo haben Sie den Schweinekopf her?"

„Von der Arbeit mitgebracht. Und Schweinepfötchen dazu."

„Kochen Sie die?"

„Ja, das kochen wir. Das ist in der Kolchose verkauft worden und sehr billig. Auf dem Markt ist das alles viel teurer."

Adolf Gomer: „Die, die in der Kolchose arbeiten, die können billig einkaufen."

Sein Sohn trägt jetzt den Schweinekopf in die Küche und stellt sich anschließend an die Wand, um das Gespräch zu verfolgen.

Frau Gomer knüpft wieder an das Gespräch an: „Wie meinen Sie, wie könnten jetzt unsere Enkelkinder Deutsch lernen? Wie stellen Sie sich das vor? Ich kann mir das gar nicht vorstellen."

„Würden Sie denn gerne, daß die Enkelkinder in Zukunft Deutsch sprechen?"

Frau Gomer: „Na ja, wir hätten das gerne."

210

Herr Gomer: „Ja, sehr, aber wie?"

„Und wie denken die Familien Ihrer Kinder darüber?"

Frau Gomer: „Ja, Gerd, wie denkst du?"

Jetzt meldet sich der Sohn das erste Mal zu Wort. Er schüttelt bedenklich den Kopf und meint: „Ich denke, das ist nicht möglich."

Herr Gomer: „Sie sind so verstreut."

Es entspinnt sich eine längere Diskussion um die Probleme, hier im Kreis Deutschunterricht zu organisieren. Im Gegensatz zum Kreis Ebenrode, in dem die deutschen Familien geballt in mehreren Orten leben, sind die deutschen Familien hier weit verstreut. Man müßte sie also zum Unterricht zusammenfahren. Das ist wiederum bei der geringen Motorisierung der Rußlanddeutschen leichter gesagt als getan. Jedenfalls sind sich alle einig darin, daß eine Sonntagsschule als Anfang schon eine prima Sache wäre. Ein bißchen ungläubig beteiligt sich die Familie an dieser Diskussion. Ihre wirtschaftlichen Verhältnisse haben sie gelernt zu meistern, aber an Wunder mögen sie nicht glauben.

„Es ist schwer. Es ist sehr schwer", seufzt Herr Gomer. „Als das Dorf noch zusammen war bei uns, vor dem Krieg, da waren wir noch lauter Deutsche. Und nach dem Krieg war das schon gemischt. Und jetzt ist es schon zu Zweidritteln gemischt in Kirgisien. Die Russen hatten das Sagen, und wir Deutschen waren für die Arbeit zuständig. Da hat man aufgehört, daran zu glauben, daß man auch Rechte hat."

„Hat denn die Mischung hauptsächlich mit Kirgisen oder mit Russen stattgefunden?"

Herr Gomer: „Mit Russen."

Frau Gomer: „Nein, mit Kirgisen wenig, sehr wenig. Einzelne vielleicht."

Herr Gomer: „Die waren auch bestrebt, daß wir uns mit den Kirgisen vermischen sollten, und waren gar nicht zufrieden, weil so eine Mischung nicht stattfand. In diesen Zeiten war es so, da sollte alles ein Sowjetvolk ergeben. Alle gleich. Aber es ist nicht ganz herausgekommen", lacht Herr Gomer. Wenn das Heiner Geißler wüßte!

„Wenn sich hier nun die Lebensbedingungen verbessern, würden dann noch viele weitere rußlanddeutsche Familien herkommen?"

Frau Gomer: „Die würden kommen."

Herr Gomer: „Vorige Woche waren vier oder fünf Mann hier, von zwanzig Familien, die hatten sie geschickt. Die sollten schau'n, wo man hingehen kann. Die müssen raus, die werden rausgedrückt."

„Und wie werden sie herausgedrückt?"

„Na, vorgestern ist einer gekommen, dem hatten sie die Kuh in der Nacht gestohlen. Am Tag haben sie einen Zettel in seinen Postkasten hineingeschmissen: ‚Deine Kuh war schön. Die hat gut geschmeckt.' Einem anderen haben sie die Tür zugesperrt und haben seine Truthühner und Gänse nachts gestohlen. Das sind sogar Leute von der Polizei gewesen. Darum klagt keiner, und sie bleiben lieber ruhig. Ganz ruhig reisen sie aus. Sie merken, es ist Zeit. Weil die Kirgisen sagen: ‚Das Land ist unser. Die Sonne, die da scheint und das Land wärmt, ist auch unser.'"

„Das heißt, es entsteht in den Orten ein so großer Druck, daß man woanders hinwandern muß, und dann gibt es nur die beiden Möglichkeiten nach Deutschland zu gehen oder hierher?"

Frau Gomer: „Die ersten von dort fahren jetzt nach Deutschland. Dort bleiben kann man nicht, und an die Wolga wollen sie auch nicht."

„Und in den Wolgagebieten geht's ihnen doch auch nicht besser?"

Herr Gomer wird jetzt ein bißchen zynisch: „Wenn die lieber Krankheit wollen als die Deutschen, dann sollen sie lieber die Krankheit haben. Dann sollen die Deutschen doch fortfahren. Das muß man dann schon ehrlich sagen."

Seine Frau wehrt ab, als wolle sie sagen, daß er nun aber ein bißchen scharf gesprochen hätte, lacht aber dabei.

Herr Gomer: „Ich fürchte, ich weiß schon alles."

Seine Frau daraufhin, lachend: „Na, dann mußt du nicht so viel erzählen. Für dich finden sie auch schon noch einen Platz."

Daraufhin Sohn Gerhard: „In Sibirien!"

Herr Gomer nickt und lacht: „Der Platz dort ist noch frei ..."

Ich wiegle etwas ab: „Ja, aber das ist doch alles etwas ruhiger geworden. Früher war das ja gleich so, ab nach Sibirien."

Herr Gomer: „Ja, es ist alles anders, aber ...", und er zieht ein bedenkliches Gesicht, und seine Frau sagt sehr nachdenklich: „Die Alten, die es erlebt haben, die leben ja noch immer ..."

Wir brechen jetzt die Aufnahmen im Hause ab und gehen zusammen in den Garten. Am Werkstattschuppen schauen wir uns an, was die Familie alles selber hergestellt hat.

„Das da haben unsere Jungens alles selbstgemacht. Drehbank, Kreissäge und da die Honigpresse, alles selbstgemacht."

„Haben Sie denn hier Honig?"

Herr Gomer: „Nein, damit haben wir den Saft rausgespreßt aus Rüben und dann Sirup gekocht, und dahinten bauen meine Jungs gerade einen Stall. Nicht groß, aber zum Anfang ausreichend."

„Was sind das denn für Balken? Wo haben Sie die her?"

„Das ist alles trockenes Holz aus dem Wald. Im Wald haben wir die gereinigt."

Herr Gomer führt uns um das ganze Haus herum und zeigt uns, was sie alles am Haus mit bescheidensten Mitteln in Gang gesetzt haben. Sie haben eine Regenrinne gebaut, verfaulte Türen ausgetauscht und haben neben dem Werkstattschuppen aus Steinen eine Badestube mit Ofen und Wanne gemauert, da sich so etwas im Haus nicht mehr befand. Ein Stück weiter sind eine Scheune und ein Stall entstanden.

Herr Gomer: „Hier war gar nichts."

214

„Wie", frage ich erstaunt: „Hier hinter dem Haus war gar nichts?"

Herr Gomer: „Nein, da war gar nichts. Hier haben wir nur vierzig Wagen mit Dreck weggefahren. Alles andere, was man hier sieht, haben wir neu gebaut."

Nach diesem Rundgang kehren wir ins Haus zurück. Frau Gomer hat inzwischen in der Küche den Tisch gedeckt, und wir müssen über das reichhaltige Angebot staunen. Die Familie ist sichtlich stolz darauf, daß all diese Schätze aus eigener Kraft und Phantasie auf ihren Tisch gelangt sind. Mit ihrem selbstgekochten Rübensaft kümmert sie die Rationierung des Zuckers herzlich wenig.

Während des Essens entwickelt sich ein Gespräch über ein sehr trauriges Thema. Frau Gomer reicht die deutsche Zeitung „Neues Leben" herum, die in Moskau erscheint; in dieser Zeitung gibt es neben russischen Artikeln auch etliche in deutscher Sprache. Die meisten Rußlanddeutschen haben durch diese Zeitung von der Ansiedlungsmöglichkeit in Nord-Ostpreußen erfahren. Jetzt leistet diese Zeitung Pionierarbeit in Sachen „Vergangenheitsbewältigung". Gerade in diesen Tagen hat sie über mehrere Nummern die Listen von Opfern des Stalin-Terrors abgedruckt.

Frau Gomer erzählt: „Mein Vater, der wurde im Jahre 1938 pressiert. Und nachdem sie ihn fortgeholt haben, haben wir nichts mehr von ihm gehört. Meine Mutter ist sehr viel gefahren und hat nachgefragt und konnte nicht darüber hinwegkommen. Und jetzt steht in dieser Zeitungsnummer sein Name. Da wird eine Liste der Erschossenen in der Stadt Odessa genannt. Alle Leute, die im Jahre 1937 und 1938 dort erschossen worden sind."

„Und das haben Sie gerade jetzt erst erfahren?"

Frau Gomer: „Vergangene Woche."

Ich frage noch einmal ganz ungläubig nach: „Und vorher haben Sie das nicht gewußt?"

Frau Gomer: „Wir dachten es uns. Als meine Mutter auf Rente ging, da fehlten ihr viele Dokumente. Da brauchte sie auch seine Todesurkunde und schrieb nach der Ukraine. Da kam damals die Antwort zurück, daß er gestorben sei, und zwar am 8. Oktober 1938. Aber die Ursache des Todes ist nicht angegeben. Wir dachten uns das schon." Frau Gomer zeigt auf die Zeitung: „Das sind alles Deutsche. Im ganzen sind es 6.898."

„Und wo stammen diese Namen her?"

Frau Gomer: „Das ist ein Ukrainer, der diese Dokumente gefunden hat. Ja, und so etwas wird heute auch gedruckt."

Ihr Mann erläutert, gegen wen sich dieser Terror eigentlich richtete: „Lauter aktive Menschen haben sie dort genommen. Die hatten Hochbildung. Hier, einer, der hatte als Lehrer gearbeitet und hatte noch Hornmusik organisiert. Das war auch ein richtig aktiver Mensch."

„Und warum sind diese Leute festgenommen worden?"

216

Frau Gomer: „Als Volksfeinde."

„Und dann mit Schnellgerichtsverfahren?"

Frau Gomer: „Na ja, Troika, drei Mann. Ohne Zeuge, ohne was, zack, fertig."

Vom Hauseingang her hat Klavierspiel eingesetzt. Ich gehe aus der Küche, öffne leise die Tür zum Eingangsraum. Da sitzt ein junges Mädchen, eine der Enkeltöchter der Familie Gomer, und spielt völlig gedankenverloren am Klavier. Leise schultere ich meine Filmkamera und beginne, diese ergreifende Szene aufzuzeichnen. Während das Mädchen kraftvoll und begeistert am Klavier improvisiert, filme ich in einem langsamen Schwenk den großen Vorraum mit dem Treppenaufgang. Ich versuche, all das Herrliche festzuhalten, was diese tüchtigen Menschen in wenigen Monaten aus einer heruntergekommenen Ruine gemacht haben. Ich gehe langsam auf das Fenster zu, durch das gleißender Sonnenschein hereinfällt, und schwenke durch die Scheibe hindurch noch einmal auf den im Bau befindlichen Stall, auf das Werkstattgebäude und auf das Badehaus, während neben mir das Mädchen kraftvoll, begeisternd, zupackend in die Tasten greift.

Jetzt hat sie mich natürlich wahrgenommen und lächelt ein wenig verlegen, spielt zu meiner Freude aber unverändert weiter. Ich trete näher und nehme ihre Finger in Großaufnahme ins Bild. Sie kommt eben von draußen, hat eine dicke Jacke an, die Finger sind nach Erdarbeiten noch ungewaschen. Ein großer Drang muß sie an das Klavier getrieben haben. Hier setzt sie ihre Kraft und Lebensfreude in Musik um.

Diese Minuten gehören zu den schönsten Eindrücken meiner Ostpreußenreisen. Es ist ein herrliches, ein ermutigendes Gefühl, daß in diesem deutschen Haus bereits wieder ein Klavier steht, daß hier Kultur Einzug hält, daß es überhaupt solche wundervollen Menschen wie diese Familie Gomer gibt, die in Zukunft das Gesicht unseres verlorengeglaubten Ostpreußen wieder kraftvoll prägen werden.

Ein Mann von Format

Es wird wieder nur eine kurze Nacht.

Als wir an Wilhelm Molkos Tür klopfen, ist es bereits zwei Uhr früh. Mit entsprechend schlechtem Gewissen warten wir auf eine Reaktion. Frieda öffnet uns, sie ist keine Spur von böse.

„Da seid ihr ja", ist ihre einzige Reaktion. In einen Morgenmantel gehüllt, kocht sie uns in der Küche noch Tee, den wir gerne trinken, da wir ziemlich verfroren sind. Dann zieht sie sich selber noch einmal zum Schlafen zurück. Um sieben Uhr klingelt der Wecker. Die letzten Stunden unseres Aufenthaltes in Ostpreußen brechen an, wir müssen die Zeit gut nutzen. Rasch machen wir uns fertig, packen unsere Sachen für die Reise zusammen.

Als wir vor die Tür treten, erwartet uns ein anderes Trakehnen als das, was wir vor vier Tagen verlassen haben. Der Schnee hat jetzt alles gnädig zugedeckt. Die tiefen Schlammfurchen sind gefroren und steinhart geworden. Der Zaun bei dem fleißigen Lehrer nebenan ist fertig geworden, auf den Latten liegen obenauf kleine Schneehauben. Einen besonderen Kontrast geben die etwas schmutzigen Federkleider einiger Gänse, die in einem Garten durch den weißen Schnee watscheln. Eine schwarze Katze streicht an einem Schuppen vorbei und verschwindet in einem Loch in der Bretterwand. Ein kleiner schwarz-weißer Hund bellt unablässig. Durch den mildblauen, wolkenlosen Himmel streichen ganz nahe pechschwarze Dohlen. Überall an den Häusern steht das frischgeschlagene, aufgeschichtete Holz unserer Landsleute, von Schneehauben bedeckt.

Die Schlammwüste hat sich in klirrenden Winter verwandelt, und meine Gedanken gehen unwillkürlich zurück in unsere Geschichte. Die furchtbaren Bilder vom Umschwung unserer Kriegsgunst 1941 durch den einbrechenden Winter steigen vor mir auf. Das hier ist eine praktische Lektion Geschichte. So nahe liegen hier verschiedene extreme Witterungsverhältnisse beieinander, so schnell geht das nasse, schlammerzeugende Wetter in Schnee und Frost über.

Ich werde aus meinen Gedanken durch das emsige Treiben geschäftiger Leute aufgeschreckt. Überall sind hier die Rußlanddeutschen frisch am Werke. Wie eine herrliche Begleitmusik hört man dazu das Gackern großer Scharen von Hühnern und das Blöken von Kühen. Während wir durch die

220

Ansiedlung von Ställen gehen, erklingt auf unseren Morgengruß hin überall ohne Zögern „Guten Morgen", „Guten Tag". Eine junge Frau mit rötlich-blondem Haar, der wir bisher noch nicht begegnet waren, sieht mich fragend an und sagt dann in einem etwas breiten Tonfall: „Wen sucht ihr?"

In ihrem Stall gibt sie uns ohne Sprachschwierigkeiten bereitwillig Auskunft über eine von ihr gehaltene Sau namens Muck, die hochtragend ist und im April werfen soll. Daneben stehen in dem winzigen Stall noch zwei kleinere Schweine, ein Kalb, die Mutterkuh zu dem Kalb und ein Rind. Die Mutterkuh wird gemolken. Sie bringt nur noch sechs bis sieben Liter am Tag, weil sie bereits im September des Vorjahres gekalbt hatte. Die Frau beteuert, daß diese wenige Milch jedoch qualitativ besonders hochwertig sei. Gemessen an den Verhältnissen in Gilge ist dies alles schon ein bescheidener Wohlstand. Hier geht es schon aufwärts. Hier hat das Leben eine klare Perspektive.

Als wir ins Haus von Molko zurückkehren, sitzt er am Frühstückstisch. Er erzählt uns, daß er etwas beunruhigt gewesen sei, weil wir am Vorabend noch nicht wieder eingetroffen waren. Die wenigen bisherigen bundesdeutschen Besucher haben nicht den besten Eindruck bei ihm hinterlassen. Sie haben gute Ratschläge erteilt und sich dann nicht wieder blicken lassen. Man spürt, daß er befürchtet hatte, mit uns die gleiche Enttäuschung zu erleben. Um so geschäftiger erzählt er jetzt davon, daß er alle verabredeten Aufträge erledigt habe. Insbesondere hat er mit dem Sowchos-Direktor wegen des Deutschunterrichtes gesprochen. Noch heute morgen sollen wir mit ihm zusammentreffen, er will uns unbedingt selber kennenlernen.

Eine halbe Stunde später empfängt er uns in seinem Büro im ehemaligen „Hotel Elch". Der Direktor ist ein Mann von hoher Gestalt, mit einem guten, hellen Kopf mit tiefen Geheimratsecken und leicht ergrautem Haar. An seinen Händen sieht man, daß er trotzdem ein Arbeiter ist. Sein Büro hat die Größe eines großen Klassenzimmers. An der Stirnseite, mit einigen Fenstern im Rücken, sitzt er hinter seinem Schreibtisch. Davor stehen einige Tische und Stühle aneinandergereiht. Hier kann man eine Besprechung abhalten. An der linken, fensterlosen Wand des Raumes stehen ungefähr acht Stühle nebeneinander. Auf denen bittet Herr Grischitschkin uns Platz zu nehmen. Dabei begrüßt er uns auf deutsch mit „Guten Morgen". Weiter kommen wir hier allerdings mit der deutschen Sprache nicht. Edith übersetzt das Gespräch.

Dieses erste Gespräch ist ein vorsichtiges Herantasten. Wie wird der Mann auf unser Ansinnen reagieren? Ich schicke voran, daß unsere rußlanddeutschen Freunde ihn als einen besonders fortschrittlichen Mann geschildert hätten, der neuen Entwicklungen aufgeschlossen sei. Ich sage ihm, daß von den Rußlanddeutschen der Wunsch an uns herangetragen worden sei, Deutsch lernen zu können. Zunächst hat er keine Zwischenfragen, sondern nickt nur zu den Worten von Edith und bekräftigt ein paar Mal mit „Das ist richtig", „Das stimmt" und „Das wäre gut", was unsere treue Edith sorgfältig übersetzt.

Ich erzähle ihm, daß ich versuchen will, einen deutschen Lehrer hier nach Trakehnen zu senden, und frage ihn, ob er dafür einen Klassenraum in der Schule zur Verfügung stellen könne. Statt einer Antwort kommt seine Gegenfrage, ob der Unterricht nur für Deutsche gedacht sei oder ob auch Russen teilnehmen könnten. Ich antworte ihm, daß die Rußlanddeutschen den Wunsch nach Deutschunterricht an mich herangetragen hätten, weil sie dabei seien, ihre eigene Muttersprache zu vergessen. Aber solch ein Unterricht sei natürlich nur auf freiwilliger Basis denkbar. Wenn an solchen Kursen auch Russen teilnehmen wollten, so seien sie natürlich willkommen.

Dies nimmt er sehr befriedigt zur Kenntnis. Solch ein Direktor ist in seiner Sowchose ein kleiner König. Diese Rolle möchte er nun auch noch ein wenig genießen, und wir gönnen es ihm. Er hat ein paar Fragen, die wir geduldig beantworten, soweit das überhaupt in diesem Stadium möglich ist, denn der Einsatz eines deutschen Lehrers ist ja bis jetzt nicht mehr als angedacht. Er will wissen, wie alt der Lehrer sein wird, wie lange er bleiben und was er morgens, mittags und abends essen wird. Dann lehnt er sich zurück und macht zunächst einige weitschweifige Ausführungen über den Wert der Entwicklung und Vertiefung der Zusammenarbeit auf kultureller Ebene. Jeder, der einmal mit russischen Behörden verhandelt hat, kennt diese kleinen phraseologischen Ansprachen. Sie gehören zum Ritual. In Wirklichkeit ist er eher ein wenig unsicher, was hier Neues auf sein Dorf zukommt, und sagt wörtlich: „Dies hier war deutscher Boden, aber die Geschichte hat es gewollt, daß die Verhältnisse jetzt so sind, wie sie sind. Wenn nun Menschen, die aus dieser Gegend stammen, hierherkommen, so werden sie sehr traurig und erschrocken sein, weil das Gebiet nicht besonders entwickelt ist." Ob denn ein deutscher Lehrer unter den veränderten Verhältnissen hier überhaupt wohnen mag, will er von mir wissen. Ich beruhige ihn, daß gerade die Menschen, die von hier stammen, ihre Heimat lieben und bereit sind, etwas zur Verbesserung der Verhältnisse beizutragen. Das leuchtet ihm ein und freut ihn sichtbar.

Als nächstes erkundigt er sich, ob wir schon mit den Deutschen im Ort über den Plan gesprochen hätten. Diese Frage ist eine kleine Tretmine. Einerseits habe ich ihm schon gesagt, daß der Wunsch von Rußlanddeutschen an uns herangetragen sei, andererseits ist es aber auch gut möglich, daß er findet, daß wir uns in seine Kompetenzen einmischen. Ich weiche daher etwas aus und erzähle ihm, daß uns die Rußlanddeutschen im Gespräch von sich aus erzählt hätten, daß sie Briefe aus Deutschland bekommen würden und diese Briefe nicht lesen und beantworten könnten, weil sie zwar Deutsch sprechen, aber nicht Deutsch lesen und schreiben könnten. Das kann er nur bestätigen. Er selbst, betont er, habe gerade gestern einen Brief aus Deutschland bekommen, den er leider nicht lesen könne.

An dieser Stelle mischt sich Herr Molko engagiert in das Gespräch ein. Bis jetzt hat er auffällig stumm dagesessen, wie jemand, der auf seinen Urteilsspruch wartet. Nun ist der Bann gebrochen. Der Sowchos-Direktor hat seine Aufgeschlossenheit signalisiert. Also läßt Molko sich vernehmen, daß auch er selbst die Absicht habe, fleißig zum Schulunterricht zu erscheinen, damit er noch besser Schreiben und Lesen lerne.

Nun ist noch die Frage der Unterbringung für einen Lehrer zu klären. Demnächst würde eine Wohnung, die zur Verfügungsmasse der Schule gehöre, frei werden, erzählt Herr Grischitschkin. Er wolle mit der Schulleiterin darüber sprechen, daß uns die Wohnung zur Verfügung gestellt wird.

Mit einem kräftigen Händedruck wird die Abmachung besiegelt. Da war keine große Überzeugungsarbeit nötig. Dieser Mann hat Format. Er hat keine Angst vor eigenen Entscheidungen, eine Charaktereigenschaft, die man bei der alten Nomenklatura selten findet. Die Scheu, Entscheidungen zu fällen, ist eigentlich das Grundübel der

Männer des alten Systems. Dies ist ein Mann auch der neuen Zeit.

Wilhelm Molko ist hoch zufrieden, als wir in sein Haus zurückkehren. Sein Mut hat Früchte getragen. Für einen Bürger des Russischen Reiches, den seine sechs Lebensjahrzehnte gelehrt haben, daß es am besten ist, den Mund zu halten und nicht aufzufallen, gehört Mut dazu, hier als Wortführer der Deutschen aufzutreten. Molko hat diesen Mut. Als wir uns von der Familie verabschieden, ahne ich noch nicht, daß ich bereits sechs Wochen später wieder in seinem Wohnzimmer sitzen werde.

***

Molko hat Vertreter von neun weiteren rußlanddeutschen Familien zusammengeholt, und wir gründen den „Rußlanddeutschen Kulturverein Trakehnen". Frieda sitzt an einer alten russischen Schreibmaschine und hämmert das Gründungsprotokoll in die Tasten. Nach einigem Hin und Her steht der Vorstand fest: Wilhelm Molko wird erster Vorsitzender, Vitalij Holzmann und Johannes Schwarz werden seine Stellvertreter. Im Protokoll der Gründungsversammlung liest man unter anderem folgende bewegende Sätze von Wilhelm Molko: „In unserem Dorf wohnen schon 46 rußlanddeutsche Familien. Aber wir können miteinander nicht Deutsch sprechen, weil viele von uns diese Sprache nicht mehr kennen. Wir haben die Kultur

226

unsere Volkes, und das Brauchtum vergessen. Wir haben keine Literatur zum Lernen und keine Lehrer. Deshalb schlage ich vor, einen Rußlanddeutschen Kulturverein in Trakehnen zu gründen." Damit besteht in Nord-Ostpreußen die erste organisatorische Selbstverwaltung von Rußlanddeutschen seit dem Beginn der Zuwanderung im Jahre 1990.

Als wichtiger Helfer bei der Gründung erweist sich der rußlanddeutsche Jurist und Unternehmer Theo Lamp. Er ist mit der Familie von Nina in Gilge verwandt und ist auf unsere Einladung hin von Irkutsk in Sibirien über Petersburg nach Königsberg geflogen, um sich mit uns zusammen Trakehnen anzusehen. Wir wollen ihn dafür gewinnen, sich mit unserer Unterstützung in Trakehnen niederzulassen und am Wiederaufbau Nord-Ostpreußens mitzuarbeiten.

„Theo, warum überlegst du, von Sibirien nach Ostpreußen zu übersiedeln?"

Theo Lamp: „In Sibirien bleibe ich nicht. Da kann man nicht bleiben. Ich will raus aus Sibirien. Ostpreußen wäre schön. Ich selber kann wohl auch unter Russen oder notfalls ganz allein leben, aber ich will, daß meine Kinder nur unter Deutschen leben und Deutsche bleiben. Die Kinder sind schon kaum noch Deutsche. Sie können die Sprache nicht."

„Wenn wir jetzt hier nach Trakehnen deutschen Schulunterricht bringen, dann wäre das für dich ein wichtiger Grund, in diesen Ort zu kommen?"

Theo seufzt tief: „Ja, das wäre gut. Wenn eine Schule da ist und wenn man hier wohnen kann. Und wenn viele Deutsche hier sind und Arbeitsmöglichkeiten sind. Vor allem sollen hier junge deutsche Mädchen für meine Jungens sein."

„Wie alt sind denn deine Kinder?"

„Meine Tochter ist 21 Jahre alt, sie wird im Sommer heiraten. Mein ältester Sohn wird im April 19 Jahre, der jüngste ist 5 Jahre alt."

„Was für eine Firma hast du eigentlich in Irkutsk?"

„Ich habe eine kleine Firma. Wir bauen Holzhäuser und machen Dächer für flache Häuser. Ich mache das allerdings erst ein gutes halbes Jahr lang. Ich bin erst im Anfang."

„Wie bist du nach Sibirien gelangt?"

„Ach, weißt du, nach der Schule habe ich an einem Wirtschaftsinstitut gearbeitet, und dann haben wir alles hingeschmissen und sind nach Sibirien gefahren", er lacht, „zum Romantik suchen."

„Und habt ihr die Romantik gefunden?"

Theo: „Ja, viel."

„Zu viel?"

Theo: „Zu viel. Dort haben sie uns gleich in die Armee genommen für zwei Jahre. Nach der Armee lernte ich im Institut Chemie. Dann habe ich an der Universität Jura studiert und später als Jurist und Anwalt gearbeitet. Und jetzt habe ich mich selbständig gemacht."

„Theo, du weißt, daß Ostpreußen bis 1945 zu

228

Deutschland gehörte und das Gebiet dann von Stalin besetzt worden ist und die Menschen vertrieben worden sind. Was glaubst du, was aus diesem Nord-Ostpreußen-Gebiet werden wird?"

Theo: „Ja, das weiß ich alles, daß das Deutschland war und nach dem Krieg durch Stalin von Deutschland abgeschnitten wurde. Ich habe die Meinung, das Land muß deutsch sein. Es ist schwer, denn die russische Macht geht nicht fort, und die Frage ist, ob die Deutschen aus ganz Rußland herkommen. Ich bin jedenfalls der Meinung, das muß doch wieder deutsches Land sein."

Das waren Theos Worte am Abend der Gründung des „Rußlanddeutschen Kulturvereins Trakehnen". An diesem Abend wird mir klar, daß es nötig ist, nicht nur mit jenen Rußlanddeutschen zu arbeiten, die sich bereits in Nord-Ostpreußen angesiedelt haben. Vielmehr muß eine gezielte Anwerbepolitik in den GUS-Staaten stattfinden, damit gut ausgebildete und erfolgreiche deutsche Handwerker, Geschäftsleute und Manager den Weg nach Nord-Ostpreußen finden. Theo ist so einer.

Mit Theo zusammen schauen wir uns noch ein bißchen näher im Kreis Ebenrode um. Die Kette nicht abreißender Gespräche und Filmaufnahmen hat uns keine Zeit dazu gelassen, die Eindrücke der herrlichen Landschaft auf uns wirken zu lassen. Knapp zwanzig Kilometer südlich von Trakehnen beginnt die Rominter Heide mit ihren ausgedehnten Waldflächen. Wir fahren einige Kilometer durch Waldgebiet und sind über den verwahrlosten Zustand des Waldes erschüttert. Theo versteht etwas von Holz und schüttelt sehr bedenklich den Kopf. Im jetzigen Zustand ist aus diesem Waldgebiet nicht viel Brauchbares an Nutzholz herauszuholen.

Der Tag ist diesig. Als wir an den Wystiter See gelangen, liegt Nebel über dem Wasser, so daß man die Ufer nur verschwommen erkennen kann. Die Häuser und Ortschaften, die man auf unserer Karte am Ufer des Wystiter Sees eingezeichnet findet, sind verschwunden. In vollkommener Einsamkeit führt dieser deutsch-litauische Grenzsee heute einen Dornröschenschlaf. Man kann nur hoffen, daß alle, die sich in der Zukunft in Nord-Ostpreußen mit dem Aufbau des Tourismus beschäftigen, solche Oasen der Ruhe und Zeitlosigkeit mit Augenmaß zum Leben erwecken und sich nicht an diesem herrlichen Stückchen Erde versündigen.

Von Wystiter See aus fahren wir nach Tollmingkehmen. Hier gibt es ebenfalls eine größere Anzahl von rußlanddeutschen Familien. Damals sind es 12 rein deutsche und 12 deutsch-russische Familien. Die meisten von ihnen wohnen in einer ungefähr fünf Jahre alten russischen Neubausiedlung im Ort. Einige Familien wohnen etwas außerhalb von Tollmingkehmen im ehemaligen Herrenhaus „Reiterhof". Wir sprechen hier mit verschiedenen Familien, wobei eine Tochter der Familie Janzen auf uns den größten Eindruck macht. Die junge, dun-

230

kelblonde Frau ist Anfang zwanzig und spricht fließend Deutsch. Sie hat eine ausgezeichnete Allgemeinbildung und hat auch einige historische und politische Kenntnisse.

„Wann sind Sie hierher gekommen?"

„Zwei Jahre zurück."

„Als erste?"

„Ja, als erste. Wir sind gleich mit zwanzig Deutschen aufeinmal gekommen."

„Und die meisten davon wohnen in dieser Neubausiedlung im Ort?"

„Ja, die war leer. Die Leute, die dort gewohnt haben, sind fortgefahren. Ich weiß nicht, wohin."

„Aber die Häuser sind ja zum Wohnen eigentlich ganz gut?"

„Ja, aber die waren schrecklich dreckig. Da mußte man viel dran machen. Es war scheußlich."

„Sie selber haben ja hier eine schöne Wohnung im alten Herrenhaus gefunden."

„Ja, aber das sah auch alles anders aus. Das war ja ein Krankenhaus. Da war viel Arbeit zu machen. Wir haben ein halbes Jahr lang geschafft, bis ein bißchen Ordnung da war."

„Warum sind Sie hierhergekommen?"

„Viele sind weggegangen, weil die Kirgisen die Russen und die Deutschen rausdrücken. So kann man wohl sagen. Uns haben sie noch nichts Schlechtes angetan, aber wir dachten, es ist besser, zur Zeit rauszugehen. Jetzt fahren schrecklich viele Leute von dort fort. Mein Vater ist jetzt hingefahren, seinen ersten Bruder von dort holen. Der ist ganz allein geblieben, nachdem ihm seine Frau gestorben ist. Der hat uns geschrieben, daß es nicht mehr möglich ist, dort zu wohnen. Im Kaufladen kriegen nur die Kirgisen was. Und wenn Russen oder Deutsche kommen, für die gibt es nichts."

„Und wie kam das, daß Sie dann hierherkamen und nicht woanders hin?"

„Mein Mann, wir heißen Miller, mein Vater heißt Janzen, war mit seinem Halbbruder dahergekommen und hat sich das alles angeschaut. Dann haben wir unser Haus in Kirgisien verkauft und das Vieh, das wir hatten, haben unsere Sachen gepackt und sind weg."

„Haben Sie gewußt, daß das hier einmal deutsch war?"

Irena Miller: „Ja. Meine Ur-Großeltern sind von hier. Die waren aus Ostpreußen. Die sind da geboren, und dann sind sie nach Rußland gezogen an die Wolga und von dort nach Kirgisien."

„Glauben Sie, daß dieses ganze Ostpreußen einmal wieder zu Deutschland gehören kann?"

Über diese Vorstellung freut sich Irena Miller unbändig: „Ich glaube ja. Warum denn nicht?"

„Und Sie wären froh, wenn das so wäre?"

„Oh ja, hier sind viele Menschen, die sehr froh wären, wenn das wieder zurückkommt nach Deutschland. Sogar viele Russen."

„Warum glauben Sie, wollen die das?"

232

„Die sagen, sie könnten dann ein bißchen menschlich leben, nicht so wie jetzt."

„Die sind also auch nicht zufrieden mit den Verhältnissen hier?"

„Nein, überhaupt nicht. Sehen Sie zum Beispiel auf diese Firma. Wie müssen die Leute da wohl schaffen. Hart arbeiten und kriegen gar nichts. Das reicht noch nicht einmal, um die Kinder im Kindergarten zu bezahlen."

„Ach, das kostet etwas?"

„Ja, das kostet etwas, das ist sogar sehr teuer."

„Wieviel denn?"

„Für ein Kind müssen wir jetzt bald 200 Rubel bezahlen im Monat."

„Und wieviel verdient denn dann ihr Mann eigentlich?"

„Mein Mann verdient verschieden. Im Sommer, wenn er auf dem Heu und auf dem Gemüse dort ackert, dann kriegt er 300 bis 400 Rubel. Aber jetzt, im vorigen Monat, da hat er nur 125 Rubel bekommen."

„Was arbeitet er denn jetzt?"

„Der schafft auf dem Trecker. Jetzt ist der Trecker kaputt, jetzt macht er ihn zurecht. Aber es fehlen Ersatzteile. Eigentlich ist nichts zu machen. Deshalb geht er dort bloß hin, sitzt seine Stunden ab und kommt wieder nach Hause. Wenn er nicht geht, dann ist das ein großes Problem. Und wenn er geht, ist doch gar nichts zu machen. Aber dann kriegt er 125 Rubel und muß zufrieden sein."

„Was für Probleme gibt es denn, wenn er nicht geht? Dann müßten Sie aus der Wohnung raus?"

„Ja, dann müßten wir raus. Die Wohnung gehört der Sowchose."

„Nun können Sie aber von diesen 125 Rubeln nicht leben. Wovon leben Sie denn eigentlich wirklich?"

„Von unserem Vieh, was wir haben."

„Und was für Vieh haben Sie?"

„Wir haben zwei Kühe, Schafe, ein Schwein, Hühner, Gänse. Eigentlich haben wir alles, was man haben kann."

„Haben Sie denn auch einen eigenen Garten?"

„Ja. Das war eine Wiese, als wir herkamen. Die hat mein Mann gepflügt im vorigen Jahr. Jetzt stecken wir dort Kartoffeln und pflanzen Tomaten und Gurken.

„Und davon ernähren Sie sich jetzt hauptsächlich?"

„Ja und von dem Brot aus dem Kaufladen vielleicht noch. Das andere ist zu teuer. Das ist nichts für uns."

„Dann arbeitet ihr Mann eigentlich nur für die Wohnung?"

„Ja. Für die Wohnung und ein bißchen zum Bezahlen von Anziehsachen für die Kinder. Aber dafür reicht es nicht einmal."

„Was brauchen Sie denn am dringendsten?"

„Zu essen haben wir. Aber für die Kinder, Schuhe und so etwas, Kleidung, das fehlt. Das ist im Laden zu teuer. Da reicht unser Geld nicht, das zu kaufen. Die Kinder wachsen ja so schnell. Da braucht man jedes Jahr etwas Neues."

„Was passiert mit der Sowchose? Werden Sie Land kaufen können?"

„Ja, dann brauchen wir aber einen Trecker, denn so etwas geben die uns nicht. Mit den Händen kann man doch nicht alles bearbeiten."

„Also würden Sie aus Deutschland auch landwirtschaftliche Maschinen brauchen?"

Frau Miller nickt heftig: „Ja, bestimmt, wenn es geht." Dann lacht sie etwas verlegen und setzt hinterher: „Das wäre aber schön."

Wir haben die ganze Zeit in der Küche der Wohnung gestanden. Alles ist blitzsauber und ordentlich gepflegt. Blumen stehen auf den Fensterbrettern. Ordentliche und saubere Gardinen sind angebracht. Wir fragen Irena, ob wir uns noch ihre Wohnung anschauen dürfen. Sie ist eine reizende, anmutige junge Frau und ist auch zurecht stolz auf das bisher Geleistete. Im Wohnzimmer steht ein herrlicher, riesiger alter Kachelofen. Außerdem steht hier ein Gerät zum Trennen von Milch und Sahne. An der Seite auf einem Bett schläft Irenas ältere Tochter.

„Wie alt ist die?"

„Sie ist zwei Jahre alt, sie heißt Olga."

„Und haben Sie noch mehr Kinder?"

„Ja, meine jüngste Tochter. Die ist ein Jahr alt, und sie heißt Margot. Die liegt in dem Zimmer."

Vorsichtig öffnet sie die Tür, und wir betreten einen weiteren gepflegten Raum. Auf Zehenspitzen gehen wir hindurch, um gemeinsam aus dem Fenster zu schauen.

„Und dies hier draußen, wer hat das gebaut?"

„Mein Vater mit dem Mann. Das ist ein Gewächshaus. Da wachsen die Gurken und Tomaten."

„Und was ist das hier auf dem Fensterbrett?" Dort stehen Kästen mit kleinen Pflänzchen.

„Das sind die Tomaten. Wenn sie etwas größer sind, werden sie draußen gepflanzt."

„Und daneben, die Schuppen und das viele geschlagene Holz, wem gehört das?"

„Das hat auch mein Vater mit meinem Mann zusammen gemacht."

„Dort hinter dem Haus wird etwas gemauert. Was wird das?"

„Das wird ein Badezimmer. In diesem Haus war früher eines, aber jetzt ist keines mehr da. Jetzt tun wir uns eins selber machen. Die Russen haben hier alles zerbrochen und die Wasserleitung rausgerissen und alles kaputt gemacht. Da war nichts mehr von dem alten Badezimmer übriggeblieben."

„Und da draußen werden Sie dann einen Ofen hineinbauen ...?"

„Ja, ja, ja. Damit man dort Wasser heiß machen kann."

Mit einem kleinen spitzen Schrei meldet sich das Kindchen, das in der Mitte des Raumes im Kinderwagen liegt.

236

Irena: „Das ist Margot. Jetzt wacht sie doch auf."

„Hoffentlich fängt sie nicht an zu weinen", sage ich und muß an meine eigenen vier Kleinchen zu Hause denken. Solch eine junge Mutter hat mehr Sorgen, als mancher Außenstehende denkt. Und wenn noch, wie hier, die nackte Existenznot dazukommt, dann gehören viel Mut und Tapferkeit dazu, seine Pflicht zu erfüllen und trotzdem seinen Liebreiz und sein warmes Wesen zu behalten, wie es Irena abstrahlt. Wir schauen zusammen in den Kinderwagen. Margot hat sich nur geräkelt.

„Sie schläft noch", sagt Irena und zieht die Decke über dem Kindchen zurecht.

Beim Hinausgehen streiche ich im Nebenraum noch einmal der kleinen Olga im Schlaf über das Haar. Gibt es eine Zukunft für dieses Land? Wenn es eine Zukunft gibt, dann gewiß in diesen kleinen, wohlbehüteten Kinderseelen, die sind der wirkliche Reichtum eines Landes. Hüte ihn gut, kleine Irena.

***

Durch die sich überschlagenden Ereignisse dieses Frühjahres 1992 beginnen sich die Erinnerungen an die verschiedenen Reisen bereits zu verwischen. Adolf Gomer, Theo Lamp, Irena Miller – das sind bereits Eindrücke der zweiten Reise, die mich im März und April wieder nach Ostpreußen führen wird. Eindrücke, die sich nie wiederholen, nie langweilig werden. Neue Siedler, andere Schicksale und überall liegen Not und Zuversicht, Niedergang und Aufbauwille nahe beieinander.

An diesem Morgen verlassen wir Trakehnen in Richtung Eydtkuhnen, überreich beschenkt durch bleibende Eindrücke, Begegnungen mit faszinierenden Persönlichkeiten. Auf der Rückfahrt nach Wilna bekommen wir jetzt ein ganz anderes Bild von Litauen. Erschien es uns gemessen an den Verhältnissen in Deutschland armselig, verkommen und ungepflegt, so wird einem bei der Rückkehr aus Nord-Ostpreußen der gewaltige Unterschied zwischen jenem rein russisch beherrschten Gebiet und dem Land der Litauer überdeutlich. Wirklich alles sieht hier anders aus. Die Häuser sind sorgfältiger gemauert, selbst die Hochhäuser, nach häßlichem sozialistischen Muster aus Beton errichtet, sind sauberer ausgeführt. In all der Trostlosigkeit ist doch ein Stück Lebenswille, der Wunsch nach Schönheit und Geborgenheit zu erkennen.

Was wären wir ohne unsere litauischen Helfer gewesen? Der Abschied ist herzlich, auf diese Menschen können wir bauen.

Auf dem Rückflug ist völlig klare Sicht. Beim Start zieht die Maschine fast schwerelos über kilometerlangen Hochhauswohnparks in die Höhe. Jenseits der Stadt breitet sich endlos der weite weiße Teppich der Landschaft aus, nur von Waldflächen unterbrochen, die dem Ganzen das Aussehen eines Flickenteppichs verleihen. Dazwischen

238

die auffälligen, strahlend weißen Flächen zugefro-
rener und überschneiter Flüsse und Seen. Während
unsere Maschine in weniger als zwei Stunden nach
Berlin schwebt, versuchen wir, uns mit unseren Gedanken an den Eindrücken der vergangenen Tage
festzuhalten. Wohin? Warum? Liegt nicht die ganze
Sehnsucht unserer Seelen im Osten?

Aktion „Deutsches Königsberg"

Andere kehren „reich mit den Schätzen des Orients beladen" heim, wenn sie von Reisen zurückkehren. Wir kehrten mit vielen Versprechen zurück, die wir einzulösen hatten, mehr aber noch mit selbst gestellten Verpflichtungen, mit einem großen Berg Verantwortung, der sich aus dem Gesehenen und Erlebten ergab.

Nicht nur vielfältige Notsituationen riefen nach schneller Linderung, mehr noch stellte sich die Frage nach einem geschlossenen Modellkonzept. Es gibt in der Bundesrepublik Deutschland eine große Anzahl von Menschen, die den rußlanddeutschen Neusiedlern bei ihrem Anfang in Ostpreußen behilflich sein will. Es gibt auch investitionswillige Firmen. Aber jede Hilfsbereitschaft und jede Investitionsfreudigkeit stößt schnell an die Grenzen des russischen Bürokratismus, die Unwilligkeit oder Unfähigkeit russischer Dienststellen, die

Chancen dieser Zeit zu ergreifen oder überhaupt wahrzunehmen. Eine bundesdeutsche Firma, die irgendwo in Ostpreußen mit einer Betriebsstätte Arbeitsplätze für Rußlanddeutsche schaffen will, wird nach einem zermürbenden, monatelangen Kleinkrieg in der Regel ihren Plan fallenlassen. Die Vorlaufkosten und der Kampf mit einem unfähigen bürokratischen Apparat werden sie über kurz oder lang zum Aufgeben veranlassen. Von bekannten Trakehner-Züchtern, die wir darauf ansprachen, ob sie nicht in Trakehnen ein neues Gestüt aufbauen wollten, bekamen wir die Antwort: „Trakehnen ist tot, und Trakehnen wird nie wieder zum Leben erwachen."

Nur wer einmal im Winter, also gerade in der nassen Jahreszeit, in Nord-Ostpreußen gewesen ist, kann das volle Ausmaß der Zerstörung und des Verfalls beurteilen. Ohne den dürftigen Schmuck der Vegetation bietet Nord-Ostpreußen heute wirklich das Bild der unmittelbaren Nachkriegszeit. Es ist so, als ob wirklich feindliche, rücksichtslose Panzerkolonnen das Land willkürlich aufgewühlt und zerstört hätten, in Wahrheit ist das das Wüten von Kolchosen und Sowchosen. Deshalb besteht das größte Problem für einen Neuanfang Nord-Ostpreußens – wie so oft in der Geschichte – in den Köpfen der Menschen. An der Vorstellungskraft, daß diese zernarbte, zerfurchte, schlammige Wüste einmal wieder blühendes Land sein könnte, scheitert die Bereitschaft vieler Menschen, die hier gerne helfen und aufbauen würden. Das gilt übrigens auch für viele Rußlanddeutsche, die nach 70 Jahren Bolschewismus an einen wirklichen Neuanfang nicht zu glauben wagen.

Meine meist jungen Freunde und ich haben uns daher auf ein Konzept verständigt, das sich auf die Kurzformel bringen läßt: An Musterprojekten zu zeigen, daß das Unmögliche möglich ist, damit Mut zu machen und Initialzündung zu sein.

Im Frühjahr 1992 bat ich meine vielen Kunden und Leser um Unterstützung unserer privaten Hilfsorganisation Aktion „Deutsches Königsberg". Wir mußten diesen Aufruf viele Male nachdrucken lassen, ein weiteres taten unsere Freunde. Sie fertigten Tausende von Kopien, die sie unter Freunden, Verwandten und Bekannten verbreiteten. Die Resonanz war riesengroß. So groß, daß wir die zur Abwicklung notwendige Logistik erst nach und nach aufbauen konnten. Um die Hilfsgüter, die in den sechs Sammelstellen, verteilt auf das ganze Bundesgebiet, eintrafen, überhaupt zur Überführung nach Ostpreußen einsammeln zu können, mußten wir einen 7,5 Tonner-LKW mit Hebebühne anschaffen.

Viele Firmen wendeten sich mit Spendenangeboten an uns. Dadurch konnten wir uns bei den Hilfsgütern vor allem auf Baumaschinen, holzverarbeitende Maschinen, metallverarbeitende Maschinen, Werkzeug und Gerät aller Art und auf Landwirtschaftsmaschinen konzentrieren. Hiermit kann

242

wirkungsvoll geholfen werden. Sogenannte „Liebespakete" dagegen, gefüllt mit Kaffee, Schokolade, Zigaretten, Nesquick usw. schaffen Neid und Begehrlichkeit, bringen Russen und Rußlanddeutsche gegeneinander auf und erwecken schlimmstenfalls den Wunsch, möglichst bald in dieses Paradies weiterzureisen, aus dem solche Dinge stammen. Das gilt übrigens auch für Geldgeschenke, es sei denn, die werden zusammen mit den Beschenkten unmittelbar in sinnvolle Anschaffungen wie z. B. Vieh umgesetzt. Maschinen und Werkzeuge dagegen, Saatgut und Pflanzen helfen bei der Hilfe zur Selbsthilfe.

Natürlich konnten wir auch den Familien helfen, die Sie in diesem Buch kennengelernt haben. Die Familien von Nina, ihrem Bruder und ihrer Schwester, die wir im Februar 1992 im Elend zweier kleiner Zimmer antrafen, wohnen heute mit unserer Hilfe in drei geräumigen Häusern. Sie haben einen großen Garten mit Gewächshaus anlegen können und halten eigenes Vieh. Diese Familien leiden keine Not mehr.

Insgesamt hat sich Gilge, im Gegensatz zum ersten Eindruck, als ein schwieriges Pflaster erwiesen. Nicht nur, daß sich hier eine dubiose Firma aus Königsberg mit Vorkaufsrechten massiv eingekauft hat und spekuliert. Die gesamte Ortschaft hat auch nur eine Fläche von fünf Hektar, die von Deichen umgeben ist. Um dieses Gebiet trocken zu halten, müßte ständig gepumpt werden. Die alten deutschen Pumpstationen wieder in Gang zu setzen, wäre das kleinste Problem. Aber die dann zur Verfügung stehenden fünf Hektar landwirtschaftlicher Fläche sind einfach nicht ausreichend, um eine größere Anzahl von Rußlanddeutschen vollwertig ernähren zu können – aber genau das ist wegen des Zusammenbruches des russischen Systems zwingend notwendig. Natürlich ist hier noch Platz für zwanzig oder dreißig weitere Familien, die im Tourismus ihre Lebensgrundlage finden könnten, als größere Ansiedlung scheidet Gilge jedoch auf absehbare Zeit aus. Unsere Hilfe für die Deutschen in Gilge geht selbstverständlich weiter, wie Sie auch aus unseren Rundschreiben wissen.

Die Sippe Holzmann unter ihrem fähigen Chef Vitalij Holzmann hat inzwischen ihren gepachteten Grund auf 260 Hektar ausgedehnt und hat im Herbst 1992 eine erste erfolgreiche Ernte eingebracht. Auch hier konnte auf vielfältige Weise mit Maschinen, Saatgut und Geld geholfen werden.

Die zweite Aufgabe bestand darin, durch den Einsatz deutscher Lehrer das Vertrauen der Rußlanddeutschen zu stärken, daß sie nun in Ostpreußen eine sichere Heimat mit einer verläßlichen Zukunft gefunden haben und daß das Vaterland sie bei ihrer Aufbauarbeit unterstützt. Nach der Gründung des „Rußlanddeutschen Kulturvereins Trakehnen" galt es, in der Bundesrepublik Deutschland einen Förderverein zu gründen, der die notwendigen Mittel für die Schul- und Kultur-

244

arbeit bereitstellt. Am 8. August 1992 wurde dieser Verein in Husum unter dem Namen „Schulverein zur Förderung der Rußlanddeutschen in Ostpreußen e.V." gegründet. Mein Verlegerkollege Ingwert Paulsen, der sich mit der Veröffentlichung ostdeutscher Belletristik und mit Leseheften für den Schulunterricht einen Namen gemacht hat, übernahm den Vorsitz des Vereins. Der Zollbeamte Helge Redeker aus Unterschweinbach bei München wurde sein Stellvertreter. Zum Geschäftsführer wurde der Wirtschaftswissenschaftler am Kieler Institut für Weltwirtschaft, Dr. Axel Neu, gewählt. Schriftführerin ist die Sekretärin Gerlind Mörig. In einem neuen Rundschreiben meiner Versandbuchhandlung „ARNDT-Buchdienst/Europa-Buchhandlung" warb ich für die Mitgliedschaft im Schulverein. Die Resonanz war ermutigend. Innerhalb von nur drei Monaten erklärten über 400 Landsleute ihren Beitritt als fördernde Mitglieder. Durch die damit aufgebrachten regelmäßigen Spenden sind die ersten Schritte der Arbeit hinreichend gesichert.

Inzwischen hatten sich auf meinen Hilferuf nach einem deutschen Lehrer hin 60 Frauen und Männer aller Altersstufen gemeldet, die bereit waren, für einige Zeit als freiwillige Lehrer in Nord-Ostpreußen zu wirken. Auf einem ersten Arbeitsseminar des Schulvereins haben sich am 12./13. September 1992 in Horn bei Detmold 50 Teilnehmer getroffen, um den Einsatz in Ostpreußen vorzubereiten. Neben Dia- und Videovorträgen über die dortige Situation wurden Fachvorträge über die pädagogischen Grundlagen der Auslandsschularbeit, über die rechtliche Stellung der deutschen Minderheit in Nord-Ostpreußen und über die bisherigen Arbeitserfolge gehalten. In ausgiebigen Diskussionsrunden konnten die Teilnehmer alles über Unterbringung, Verpflegung, Hygiene, Aufenthaltsgenehmigung, Einreise und vieles mehr erfahren.

Der Sprecher der Rußlanddeutschen aus Moskau, Dr. Heinrich Groth, schickte der Arbeitstagung folgende Grußbotschaft: „Zu Ihrer Tagung in Horn sende ich Ihnen im Namen der 200.000 Mitglieder der rußlanddeutschen Gesellschaft ‚Wiedergeburt‘ meine herzlichen Grüße. Ich freue mich, daß sich so viele Freiwillige gefunden haben, die in Nord-Ostpreußen als Deutschlehrer tätig werden möchten. Ihr Schulverein erfüllt damit den sehnlichsten Wunsch meiner rußlanddeutschen Landsleute, die als Neusiedler den Weg nach Nord-Ostpreußen angetreten haben, damit ihre Kinder in dieser einst deutschen Provinz wieder als Deutsche unter Deutschen Deutsch sprechen werden. Dafür danke ich Ihnen und dem Initiator deutschen Schulunterrichts in Trakehnen, Herrn Dietmar Munier, von ganzem Herzen. Dr. Heinrich Groth, Moskau.“

In Trakehnen selbst hat inzwischen die Schul- und Kulturarbeit durch entsendete Helfer des

246

Schulvereins begonnen. Aus der großen Zahl der Freiwilligen sollte jedoch nicht der falsche Schluß gezogen werden, daß hinsichtlich von Lehrkräften Entwarnung gegeben werden könnte. Die meisten Freiwilligen stehen nur in ihrem Urlaub zur Verfügung oder sind aus gesundheitlichen oder Altersgründen nur begrenzt einsatzfähig. Der Schul- und Kulturarbeit kommt eine entscheidende Schlüsselstellung in unserer gesamten Arbeit zu. Ich bitte daher alle meine Leser, die auf diesem Gebiet helfend wirken möchten, um Kontaktaufnahme.

Als eigentliche Schlüsselfrage für den Erfolg unserer Bemühungen, die Ansiedlung von Rußlanddeutschen in Nord-Ostpreußen zu fördern, erweist sich jedoch die Arbeitsplatz- und Wohnraumfrage. In Trakehnen, wo wir ein betont deutschfreundliches Klima vorfinden, ist die Zahl der rußlanddeutschen Familien von 1991 mit 20 Familien über 46 Familien Anfang April 1992 bis auf 91 Familien im November 1992 angewachsen. Damit ist, zumindest in Trakehnen und der unmittelbaren Umgebung, der Wohnraum für zureisende Familien erschöpft. Dazu kommt der Zusammenbruch der alten wirtschaftlichen Strukturen des ehemaligen Sowjetreiches. Die Kolchosen und Sowchosen lösen sich auf, damit verschwinden die Hauptarbeitgeber, ohne daß es neue marktwirtschaftliche Strukturen gäbe.

Ich habe mich daher mit einigen Freunden zusammen darum bemüht, in Trakehnen ein Gewerbegebiet zu gründen, in dem sich einerseits rußlanddeutsche Unternehmer mit Betrieben selbständig machen können, in dem andererseits bundesdeutsche Firmen Niederlassungen eröffnen können, um Arbeitsplätze im größeren Stil zu schaffen. Bescheidene Erfolge können bis zum November 1992 bereits verzeichnet werden. Im September konnten wir dort aus Spendenmitteln eine 450 Quadratmeter große Lagerhalle errichten. In ihr und auf dem umgebenden Gelände können Hilfsgüter eingelagert, gewartet, verliehen oder ausgegeben werden. Ein kleiner Fuhrpark, ebenfalls aus Spendenmitteln erworben und in Konvois nach Ostpreußen überführt, steht dort bereits zur Verfügung: Ein 13-Tonner-LKW-Pritschenwagen, ein 7,5-Tonner-LKW-Pritschenwagen, ein 5-Tonner-LKW-Pritschenwagen, sowie mehrere Bauwagen und PKWs. Außerdem Betonmischmaschinen und Baumaterial. Eine neue, 300 Meter lange Zufahrtsstraße in das Gelände hinein wurde von uns gebaut und konnte ebenfalls im November 1992 fertiggestellt werden. Dazu mußten 200 LKW-Ladungen Kies herangefahren werden. Eine Trafostation befindet sich beim Schreiben dieser Zeilen in unserem Auftrag im Bau. Sie wird ab 1993 die Entnahme von Drehstrom im Gewerbegebiet ermöglichen. Im Frühjahr wird voraussichtlich die erste bundesdeutsche Firma, ein metallverarbeitender Betrieb, ihre Arbeit aufnehmen.

Gleichzeitig gilt es, neuen Wohnraum zu schaffen. Dabei ist Mitwirkung bei der Renovierung alter Häuser weniger wichtig. Dies können die Rußlanddeutschen aus eigener Kraft und haben darin in den letzten beiden Jahren bereits erhebliches Geschick bewiesen. Wichtiger ist es, mit Hilfe einer kleinen Mustersiedlung mit Nebenerwerbssiedlerstellen von je 3.800 Quadratmetern Maßstäbe dafür zu setzen, wie eine angemessene landschaftstypische Neubebauung aussehen könnte. Wir haben dazu eine Initiative „Ein Heim für Rußlanddeutsche" ins Leben gerufen und unsere Freunde darum gebeten, die Patenschaft für die Errichtung eines Hauses zu übernehmen. Für zirka DM 2.500,– lassen sich die Baustoffe für ein sogenanntes „Trakehner-Haus" kaufen, wenn Organisation sowie Einkauf und Herstellung von einheitlichen Bauelementen im Trakehner Gewerbegebiet zentral durchgeführt werden. Es fanden sich spontan innerhalb von rund fünf Monaten über 100 Spender. Dieses Ergebnis ermutigt uns sehr. Wir sind sicher, daß nach ersten sichtbaren Baufortschritten viele weitere Menschen in Deutschland dieses Vorhaben gerne unterstützen werden.

Natürlich glauben wir nicht, daß wir alleine mit unseren bescheidenen Kräften Nord-Ostpreußen wieder aufbauen können. Der Erfolg unserer Arbeit wird aber viele Landsleute ermutigen, ebenfalls etwas zum Aufbau Nord-Ostpreußens beizutragen. Es gilt, das lähmende Gefühl zu durchbrechen, daß jede Hilfe hier ohne Aussicht auf Erfolg ist.

Es muß aber auch betont werden, daß jede noch so erfolgreiche Unterstützungsarbeit in der Bundesrepublik Deutschland sinnlos ist, wenn vor Ort in Ostpreußen nicht genügend erfahrene Helfer tätig sind. Ich möchte daher an alle appellieren, die noch abseits stehen, sich für einige Monate oder Jahre mit ihren Kenntnissen und Fertigkeiten in den Dienst dieser guten Sache zu stellen.

Aus Bonn kommen, wie auf fast allen Gebieten der Politik, auch hier die falschen Signale. Während der Sprecher der Rußlanddeutschen, Dr. Heinrich Groth, die Wolgarepublik längst für tot erklärt hat, verschleudert Bonn immer neue Millionen in dieses Projekt, das unter den Rußlanddeutschen niemand mehr will. Der zuständige Staatssekretär Waffenschmidt sucht wegen der offensichtlich fehlenden Akzeptanz dieser Idee bei den Rußlanddeutschen inzwischen sogar nach Ansiedlungsalternativen in Sibirien. Und das, wo die Lösung doch so nahe liegt! Während die Integration von Rußlanddeutschen innerhalb der Bundesrepublik Deutschland mit Wohnungsbeschaffung, Sozialhilfe, Einreise, Übergangslager, Umschulung, Arbeitslosengeld, Rente usw. für jeden Einzelnen Zehntausende von Mark kostet, wäre ein Betrag von DM 10.000,– für eine ganze, in Ostpreußen siedlungswillige rußlanddeutsche Familie ein Segen. Damit könnten alle Probleme, inklusive Hausbau, dort wirkungsvoll gelöst werden. Die russische Regierung, ganz besonders aber die politische

Verwaltung des Königsberger Gebietes, warten auf ein solches Signal aus Bonn. Hier würde es kein Zögern und keine Behinderung geben. Im Gegenteil, 200.000 Rußlanddeutsche würde der Königsberger Verwaltungschef Matotschkin gerne in Nord-Ostpreußen sehen, – wenn die Bundesregierung die entsprechenden Mittel bereitstellen würde. Eine allseits befriedigende Lösung ist damit zum Greifen nahe, aber in verantwortlichen Bonner Kreisen will diese Lösung niemand. Hier werden vollkommen absurde „Rücksichtnahmen" auf sogenannte polnische „Interessen" auf Kosten der Rußlanddeutschen geübt. Es ist unfaßbar, daß eine deutsche Regierung, die bereits den völkerrechtswidrigen Raub Süd-Ostpreußens, Pommerns, Ost-Brandenburgs und Schlesiens durch Polen mit einem nachträglichen Schenkungsvertrag sanktioniert hat, nun glaubt, noch weitere Expansionsgelüste Polens fördern oder mindestens dulden zu müssen. Oder welches Fünkchen eines Rechtes sollte Polen wohl sonst haben, Anstoß daran zu nehmen, daß die russische Verwaltung Nord-Ostpreußens bereit ist, 200.000 Rußlanddeutsche aufzunehmen? Was geht das Polen überhaupt an?

Der Insider weiß natürlich, daß Polen die Absicht hat, sich auch noch Nord-Ostpreußen einzuverleiben und dafür in der litauischen Regierung – bisher vergeblich – Verbündete sucht. Diese Absicht ist für sich genommen verwerflich und ungeheuerlich genug. Daß Bonn nun aber auch noch glaubt, auf solche großpolnischen Gelüste Rücksicht nehmen zu müssen, wirft ein bezeichnendes Licht auf das bedrückende Niveau und die gänzlich abhandengekommene Selbstachtung der Bonner Regierungspolitik.

„Bonn schläft – wir handeln", schrieb ich im Herbst 1991 im ersten Rundschreiben der Aktion „Deutsches Königsberg". Niemand sollte fälschlich glauben, aus diesem Satz Triumph herauszuhören. Wieviel lieber würde ich schreiben: „Bonn hilft – wir packen mit zu." Wie gerne hätte sich das deutsche Volk an einem großen gemeinschaftlichen Aufbauwerk anläßlich der Vereinigung Mittel- und Westdeutschlands beteiligt. Wie gerne würden jetzt Zehntausende oder gar Hunderttausende hilfreich einer Regierung nacheifern, die unseren rußlanddeutschen Landsleuten in Nord-Ostpreußen eine neue Heimat schafft.

Wenn Bonn hier, wie auf vielen anderen Lebensfeldern der Politik versagt, dann wollen wir einfachen Deutschen trotzdem unsere Pflicht erfüllen und vor der Größe der Aufgabe nicht verzagen. Dann dürfen wir alle, die zahllosen stillen Helfer genauso wie unsere Aktivisten, ein bißchen stolz sein auf das, was wir schon erreicht haben und auf das, was wir noch gemeinsam schaffen werden.

*Der Vorstand des „Schulvereins zur Förderung der Rußlanddeutschen in Ostpreußen".
V. l.: Dr. Axel Neu (Wirtschaftswissenschaftler), Helge Redeker (Zollbeamter, 2. Vorsitzender), Gerlind Mörig (Sekretärin), Ingwert Paulsen (Verleger, 1. Vorsitzender).*

Verehrte Leserinnen und Leser,

am Ende meines Buches möchte ich Ihnen meine Mitarbeiter und Freunde vorstellen, die sich speziell dem Aufbau deutschen Schulunterrichtes in Nord-Ostpreußen widmen. Dazu wurde am 8. August 1992 in Husum der „Schulverein zur Förderung der Rußlanddeutschen in Ostpreußen" gegründet. Der Verein ist als gemeinnützig durch das Finanzamt München anerkannt.

In der Satzung des Schulvereins heißt es u.a.:

Zweck des Vereins ist die Förderung der Erziehung, Volks- und Berufsbildung für die Rußlanddeutschen in Nord-Ostpreußen/Königsberger Gebiet (Kaliningradskaja Oblast) der Republik Rußland. Die Satzung wird insbesondere verwirklicht durch:

1. Aufbau deutschen Schulunterrichtes für Schulpflichtige und Erwachsene, sowie die Errichtung und Unterhaltung von Schulen.
2. Errichtung und Unterhaltung von Volksbildungszentren mit deutschen Bibliotheken, sowie Durchführung von volksbildenden Veranstaltungen.
3. Aufbau von Berufsausbildung für Jugendliche und beruflicher Fortbildung für Erwachsene, sowie die Errichtung und Unterhaltung von beruflichen Aus- und Fortbildungsstätten.

Ich würde mich freuen, wenn recht viele meiner Leser als fördernde Mitglieder die Arbeit des Schulvereins unterstützen würden.

Mit freundlichem Gruß, Ihr Dietmar Munier

Kontaktanschrift:
Schulverein zur Förderung der Rußlanddeutschen in Ostpreußen
Dr. Axel Neu, Lornsenstraße 32, D-2300 Kiel 1, Tel. 0431/561545

Inhalt

Schirmherrschaft: Prof. Dr. Hellmut Diwald
ARNDT-Buchdienst/Europa-Buchhandlung
Postfach 3603, D-2300 Kiel 1
Tel.: 0431/553446 + 555111

Aktion „Deutsches Königsberg"

Die Aktion „Deutsches Königsberg" ist eine private Hilfsorganisation für die Rußlanddeutschen in Nord-Ostpreußen.
Sie wurde im Herbst 1991 durch den Kieler Verleger Dietmar Munier ins Leben gerufen.

Aus dem Tätigkeitsbereich der Aktion:
– Sammeln von Hilfsgütern und Sachspenden in der gesam-
ten Bundesrepublik Deutschland und Transport nach Nord-
Ostpreußen. Bevorzugtes Sammelgut: Maschinen, Werkzeug,
Saatgut, Landwirtschaftsmaschinen.
– Hilfe zur Selbsthilfe für die rußlanddeutschen Siedler in
Nord-Ostpreußen, u.a. durch Hilfe bei der Einrichtung von
Gewerbebetrieben, Einrichtung von Bauernexistenzen, Bau
von Wohnungen und Häusern.
–Hilfe beim Aufbau deutschen Kultur-, Schul- und Bil-
dungswesens in Zusammenarbeit mit dem bundesdeutschen
„Schulverein zur Förderung der Rußlanddeutschen in Ost-
preußen" und dem ostpreußischen „Rußlanddeutschen Kul-
turverein Trakehnen".
Wenn Sie diese Anliegen unterstützen wollen, bitten wir Sie
um Ihre Spende.

Spendenkonten:
Lesen & Schenken GmbH, Stichwort „Königsberg"
Kieler Sparkasse Nr. 92001890 (BLZ 21050170)
PGiroA Hmb. Nr. 124422–207 (BLZ 20010020)